胡敏◎著

欧盟多元文化教育政策的

发展与演进

九州出版社
JIUZHOUPRESS

图书在版编目（CIP）数据

欧盟多元文化教育政策的发展与演进／胡敏著.

北京：九州出版社，2024.12. -- ISBN 978-7-5225

-3496-1

Ⅰ.G40-055

中国国家版本馆 CIP 数据核字第 2025AE5696 号

欧盟多元文化教育政策的发展与演进

作　　者	胡敏　著
责任编辑	周弘博
出版发行	九州出版社
地　　址	北京市西城区阜外大街甲 35 号（100037）
发行电话	（010）68992190/3/5/6
网　　址	www.jiuzhoupress.com
印　　刷	鑫艺佳利（天津）印刷有限公司
开　　本	720 毫米 × 1020 毫米　16 开
印　　张	14.75
字　　数	205 千字
版　　次	2025 年 5 月第 1 版
印　　次	2025 年 5 月第 1 次印刷
书　　号	ISBN 978-7-5225-3496-1
定　　价	68.00 元

目　录

引　言

　　自 21 世纪以来，政府和国际组织之间的交流与合作愈加频繁，经济和政治联系日益紧密，全球化时代的互联互通特征愈发显著。这不仅带来了文化交流与融合的机遇，也带来了文化摩擦与冲突的挑战。在这一背景下，多元文化教育的重要性日益凸显。如何在多样化的社会中实现文化理解与包容，促进社会和谐，已成为全球教育政策和实践的核心议题。

　　为应对这些挑战，欧盟曾积极推行多元文化教育，通过制定和实施一系列的语言、文化、教育计划和战略，旨在促进文化理解和社会融合。在这一过程中，欧盟积累了丰富的经验和教训，为其他地区和国家处理多元文化关系以及推动全球多元文化教育的发展，提供了宝贵的参考和借鉴。

欧盟的国际影响力

　　欧洲一体化是集经济、政治和文化一体化于一身的综合性进程，欧盟在全球经济与政治中扮演着举足轻重的角色。作为世界超大经济实体和重要超国家组织，自成立以来，欧盟在国际事务中一直发挥着极其重要的作用。随着新成员国的不断加入，欧盟的整体实力显著增强，其国际影响力也得到进一步提升。

　　首先，欧盟在全球经济秩序的构建中影响力日益增强。回顾历史，欧洲一体化是具有开创性和前瞻性的战略，使欧洲从战后的断壁

残垣中重生，逐渐成为世界经济格局中不可或缺的一极。① 从 20 世纪
50 年代的欧洲钢煤共同体，到《罗马条约》后的欧洲经济共同体，
再到如今经济结构高度一体化的 27 国集团，欧洲联合的梦想在两次
世界大战后的重创中逐步实现。欧盟实施的区域经济政策为全球经济
的稳定与发展作出了重要贡献。欧盟的多国合作制度和单一市场构想
为国际区域化发展提供了宝贵的借鉴，其经济模式已成为全球示范，
世界其他地区纷纷以较小规模进行复制。欧盟通过教育培训推动经济
一体化的手段也为其他地区提供了有益的参考。

　　作为新的世界政治格局中的重要一极，欧盟已初步实现了超国家
组织的政治一体化。20 世纪 80 年代末至 90 年代初，苏联解体和东
德、西德合并后，欧盟在法国和德国的主导下，积极推动"共同外交
与安全政策"的实施。欧盟还具备强大的文明根基和文化创新力，欧
洲的古老文明至今仍对现代社会产生深远影响，而欧洲的文化软实力
在国际上一直保持着领先水平。在国际事务上，欧盟秉持公平、客观
的态度，反对霸权主义和强权政治，主张世界的多极化发展。在解决
全球重大问题时，欧盟倡导通过多边对话和磋商解决，这些措施对维
持全球政治力量的平衡以及促进世界和平稳定具有较为重要的意义。

　　此外，欧盟独特的体制结构，包括欧洲理事会、欧盟委员会和
欧洲议会等核心机构，不仅确保了各成员国之间的协调和合作，还
促进了统一的对外政策制定和有效实施。欧盟的成立无疑是近两个
世纪以来最伟大的社会试验之一。在应对内部挑战和保护文化多样
性方面，欧盟展示了创新性和启发性，对世界其他地区具有重要的
参考价值。

---

　　① 　陈乐民:《欧洲文明的进程》,北京:生活·读书·新知三联书店,2014 年,
第 284 页。

欧盟多元一体面临的挑战和冲击

"多元一体"不仅是欧盟的官方座右铭，也体现了欧盟独特的治理模式和价值观念。虽然这一理念在推动区域一体化和合作方面取得了显著成就，但也面临诸多挑战和危机。

近年来，随着俄乌战争、英国脱欧、恐怖袭击频发、欧债危机、失业问题以及移民和难民危机的接踵而至，欧盟成为公众关注的焦点。人口结构的日益复杂与流动人口的持续增加，使欧盟内部的文化摩擦与社会冲突日益加剧，成为欧洲大陆广受质疑且亟待破解的治理难题。根据欧盟统计局（Eurostat）数据显示，截至2023年1月，欧盟总人口已达到4.488亿，其中人口增长主要来源于外来移民及因乌克兰冲突而获得临时保护的乌克兰人。这种增长对欧洲的基督教白人主流社会构成了巨大冲击。在经济低迷和失业率居高不下的背景下，外来移民问题显得尤为尖锐，民众对欧盟的信任度也有所下降。数据显示，2016年，民众对欧盟的信任指数一度降至37%。[①]

难民潮的不断扩大与恐怖袭击事件的频繁发生进一步加剧了欧盟面临的治理困境。种种挑战似乎也印证了美国学者塞缪尔·亨廷顿关于"文明冲突"的预言："新时期人类内部的重大分歧和冲突将来自文化。未来全球政治的根本冲突将发生在不同文明的民族和团体之间。文明间的分界线，将成为未来的战线。"[②] 作为多种文化汇集之地，如何化解冲突，实现各文化的和平共荣，成为欧盟多元文化教育亟待解决的核心问题。

---

① Nancy, J. Major Changes in European Public Opinion Regarding the European Union. European Parliament Research Service, 2016.

② ［美］塞缪尔·亨廷顿:《文明的冲突与世界秩序的重建》,周琪等译,北京:新华出版社,1998年,第5页。

多元文化教育发展的争议

多元文化教育从诞生之初发展到现在，人们对它的怀疑和批判似乎就没有停止过。大多数批评家要么认为多元文化教育过于激进，要么认为它过于保守。保守派批评者通常认为，多元文化教育缺乏智力上的严密性，缺乏合理的理论基础，未能有效揭示少数群体低学业成就的根本原因。激进派则指责，批评多元文化教育过于侧重个人流动的追求，而忽视了集体进步和结构平等的重要性。美国马里兰大学教授洛克（Edwin A. Locke）认为，多元文化主义无法调和多元与统一的矛盾，他认为过度强调族群身份的多元文化教育反而加剧了族群隔阂，催生了一种"新的种族主义"以"纠正"甚至"替代"传统的种族主义。[①] 莫林·史通（Maureen Stone）则认为多元文化教育过于关注少数族群的文化自觉，提升了他们的族群意识，但对基本知识和技能的关注却不足，最终可能对少数族群的整体发展产生负面影响。[②]

自 20 世纪 90 年代以来，多元文化教育不仅在理念上遭遇了学术界的批判和质疑，也在国家政策层面受到攻击。以美国为例，美国的多元文化主义是伴随着 20 世纪 60 年代美国黑人民权运动而兴起的，由最初强调尊重和保护黑人的各项基本权利和黑人文化，演变扩大到对妇女、残障人士、土著印第安人、亚裔、拉丁裔、同性恋等弱势群体的保护。在多元文化主义思潮的影响下，美国联邦政府于 1961 年正式提出了"肯定性行动"政策，旨在给予美国境内的少数族群提供教育、雇佣、住房等方面的优惠和帮助。然而，到了 90 年代后期，美国有些州根据宪法和法律限制或取消了"肯定性行动"，认为多元文化削弱了国家认同，对美国社会现状形成威胁。相比美国，欧洲的情况

[①] 李明欢：《"多元文化"论争世纪回眸》，载《社会学研究》2001 年第 3 期，第 103 页。

[②] 王鉴、万明钢：《多元文化教育比较研究》，北京：民族出版社，2006 年，第 32 页。

更是不容乐观。2000 年伊始，丹麦和荷兰政府就宣布取消多元文化主义政策，转而推行公民融合政策。德国时任总理默克尔更是在 2010 年的一次公开讲话中指出，德国试图建立多元文化社会的努力已经彻底失败。2011 年，英国、法国也纷纷宣称其多元文化政策的失败。①

尽管多元文化教育在一些国家受挫，全球化趋势却进一步推动了文化多样性的深化。联合国教科文组织（UNESCO）在其 2009 年的报告中明确指出，全球化使得几乎所有国家及区域的文化交流呈多元化特点，以多元文化族群为背景的多民族国家的发展已成为全球的趋势。② 单一的民族国家时代已经一去不复返了，如今，欧盟拥有 27 个成员国（不含英国），在其 400 多万平方公里的区域上，生活着来自不同的民族、种族和文化，信奉不同宗教的 4.5 亿公民，使用超过 60 余种语言。在这样一个文化多元、社会结构复杂的背景下，欧洲一体化的目标是否能够通过多元文化教育和政策得到有效解决？欧盟多元文化教育的未来趋势将如何发展？

综合以上三方面的背景，本书试图对欧盟的多元文化教育政策进行历史梳理，并围绕以下几个问题展开研究：

1. 欧盟在多元文化教育方面制定了哪些政策？这些政策的具体内容是什么？出台这些政策的社会历史背景是什么？

2. 欧盟多元文化教育政策有怎样的历史进程？未来发展趋势将如何？欧盟多元文化教育政策在每个发展阶段有什么样的价值取向、特征及影响？具体实施情况如何？

3. 从多元一体的角度，如何评价及总结欧盟多元文化教育政策的发展模式？取得了哪些经验，又存在哪些问题？

---

① 王辉：《金里卡对多元文化主义辩护的评析》，载《民族高等教育研究》2014 年第 2 期，第 30 页。

② UNESCO Press. 2009 World Conference on Higher Education：the New Dynamicsof Higher Education and Research for Societal Change and Development；Communiqué，https：//https：//unesdoc. unesco. org/ark：/48223/pf0000183277. locale＝en.

第一章 导论

人类已经进入到一个大发展、大变革、大调整的时代。"随着世界多极化、经济全球化、社会信息化不断发展，各国利益交融、兴衰相伴、安危与共，形成了你中有我、我中有你的命运共同体。"[①] 在这样一个多元共生的时代大背景下，民族国家不再是世界这个大家庭中的唯一组成单位，区域性国家联盟组织开始在国际舞台中亮相，发挥其独特的功能和作用。

作为现今最大、最具影响力的超国家政治实体和经济实体，欧洲联盟（European Union）在整个国际政治、经济、科技、教育和文化中都扮演着至关重要的角色。欧盟源于欧洲共同体（European Communities），经过半个多世纪的发展，其成员国不断增加，在政治、经济、文化和教育等领域都有了长足的发展。[②] 经济方面，欧盟单一市场的形成实现了欧盟经济一体化的市场体系；政治上，欧盟利用法律手段推动欧洲各国之间的联合，形成了高度一体化的政治格局；文化上，欧盟在尊重和保护各成员国的特定文化背景、价值观念和宗教信仰的同时，强调各种不同文化的共生与相互促进，致力于欧洲认同的形成，几十年中取得了举世瞩目的成就，形成欧洲不同民族之间交往

---

① 习近平：《在中国国际友好大会暨中国人民对外友好协会成立60周年纪念活动上的讲话（2014年5月15日）》，https://www.rmzxb.com.cn/sy/ttxg/2014/05/16/326015.shtml，2014年5月16日。

② 窦现金、卢海弘、马凯：《欧盟教育政策》，北京：高等教育出版社，2011年，第2页。

密切、利益共享的局面。

正是在这样一个政治高度关联、经济合作紧密、文化交流频繁的背景下，欧盟多元文化教育政策得以逐步发展并日益得到完善。欧盟多元文化的独特之处不仅在于欧盟各成员国之间的文化各异，还体现在整个欧洲社会不同种族、不同宗教、不同族群文化构成的多样和复杂。正是在处理应对这种文化、种族和宗教上的多样性的过程中，欧盟形成了独具特色的多元文化教育政策。

本书旨在探索欧盟特色的多元文化教育，特别是研究欧盟政策和法规在欧洲多元文化教育领域所产生的影响，以及在多元与一体的博弈过程中所发挥的作用。通过梳理欧盟多元文化教育政策的兴起、发展及转向，本书希望为探索多元文化教育的发展和完善提供重要的借鉴和参考。

第一节　核心概念界定

一、欧盟

在本选题中，欧盟作为一个历史概念，其名称和形态经历了不同的发展阶段。现今的欧洲联盟（European Union，EU），是全球最大的经济实体之一，在贸易、农业、金融等领域趋近于一个统一的联邦国家。而在内政、外交、国防等方面，欧盟则类似一个由多个独立国家组成的政治同盟，[①] 其宗旨是消除各成员国的边界，联合加强对外防御。欧盟成员国建立了统一经济货币联盟，以促进各成员国的经济

---

① 资料来源：EU. Basic information on the European Union. http://Europe. eu/about-eu/baisi-information/index_en. htm，2017 年 12 月 12 日。

发展和社会稳定，并实行共同外交政策和安全政策，致力于在国际舞台上推广民主法治、平等自由的原则，以实现全球稳定和共同繁荣的欧洲梦想。

欧盟的形成具有其特定的历史原因，持续了六十余年。尽管欧盟正式成立于20世纪90年代，但欧洲一体化的最早构想却可追溯到中世纪。欧洲历史上许多大思想家，如圣-皮埃尔、卢梭、康德等，都曾对这一构想提出过见解。20世纪40年代始，在德国和法国的主导下，一些战后欧洲国家开始推动国家间的联合，旨在通过加强经贸合作，促进各国间的经济依存，从而避免重蹈两次世界大战的覆辙。

1946年9月，丘吉尔提议建立"欧洲合众国"的构想，认为"一个统一的欧洲可以共享伟大的欧洲遗产，其三四亿人民将会享有无限的幸福、繁荣和辉煌"。[①] 1948年，比利时、荷兰、卢森堡三国建立了关税同盟，旨在破除关税壁垒，在其区域内推行商品的自由贸易。1950年5月9日，时任法国外交部长的罗贝尔·舒曼（Robert Schuman）代表法国政府倡议组建欧洲煤钢联盟，以协调欧洲的煤钢生产，保证欧洲内部市场的有效竞争。该倡议一经提出便得到联邦德国、比利时、意大利、荷兰和卢森堡五国的积极响应。1951年4月18日，法国联合上述五国在法国巴黎签订《建立欧洲煤钢联营条约》，并于该年7月25日建立了欧洲煤钢共同体；1957年3月25日，六国在罗马签订《建立欧洲经济共同体条约》和《建立欧洲原子能共同体条约》（后来被统称为《罗马条约》），1958年1月1日，欧洲经济共同体和原子能共同体也正式成立。1965年4月8日，六国又签署了《布鲁塞尔条约》，合并了煤钢共同体、经济共同体和原子能共同体三个机构，并正式更名为欧洲共同体（简称欧共体）。1967年7月1日《布鲁塞尔条约》的正式生效标志着欧共体正式成立。这一步

---

① ［英］温斯顿·丘吉尔:《欧洲的悲剧》,李巍、王学玉编:《欧洲一体化理论与历史文献选读》,济南:山东人民出版社,2001年,第4-5页。

骤推动了欧盟机构的发展，欧洲经济一体化进入快速发展阶段。[①]
1973 年 2 月，英国、爱尔兰、丹麦三国正式加入欧共体，进一步扩大
了其版图。此后，又经过几次扩张发展，而今的欧盟成为一个包括 27
个成员国（不包括已脱欧的英国），总人口数达 4.5 亿，GDP 达
17.03 万亿欧元（2023 年），土地面积达 414 万平方公里的超级国家
联合体。

如此庞大的一个政治经济联合体亟需高效的管理，因此欧盟建立
了决策、行政、立法和司法"四权分立"的管理机构。其中欧洲理事
会（the European Council）即欧盟首脑峰会，早期称为欧共体理事会
（Council of the European Communities），由欧盟各成员国政府首脑和国
家元首组成，是欧盟最高决策机构。行政、立法和司法机构则分别是
欧盟委员会（the European Commission），欧洲议会（European Parlia-
ment）和欧盟法院（the Court of Justice of the European Union）。除了
这四个核心管理机构外，欧盟还设有欧洲审计院（the European Court
of Auditors），欧洲金融机构（European Financial Institutions），欧洲警
察署（Europol），欧洲兽医监察局（European Veterinary Inspection
Service），欧洲环保局（European Environment Agency），欧洲内部市
场协调局（European Internal Market Coordination Office），欧洲培训基
金会（European Training Foundation），欧洲职业培训发展中心（Euro-
pean Centre for the Development of Vocational Training，Cedefop），欧盟
翻译中心（European Union Translation Centre）和欧洲统计局
（Eurostat）等众多职能机构，[②] 以支持和优化其运作。

本书中除特定情形外，均使用欧盟这一名称，对欧洲经济共同
体、欧共体、欧盟等名称不进行严格区分。

---

① 任思源：《要了解欧洲就先读欧洲史》，北京：北京联合出版公司，2014 年，
第 326 页。
② 窦现金、卢海弘、马凯：《欧盟教育政策》，北京：高等教育出版社，2011 年，
第 246 页。

二、多元文化

多元文化是一个具有颇多歧义的概念，它之所以一直争议不断，与这个概念自身的复杂内涵有关。海伍德（Andrew Heywood）曾在《政治的意识形态》中指出："作为一个描述性词汇，多元文化意指一个社会中因为有多种民族群体而产生的文化上的多样性与各自的集体认同；作为规范性概念，多元文化则表现为对于文化多样性的尊重与肯定态度，它认为不同的文化群体，都有权受到主流社会的认可及尊重。多元文化主义要求平等，其核心含义是包容他人，其目的是消除偏见，在种族和族裔群体中寻求平等的地位。"① 斯图尔特·霍尔（Stuart Hall）也提出类似的观点，他强调，要想弄清多元文化，人们首先要区分"多元文化的"和多元文化主义的不同。在他看来，"多元文化"是形容词，用来描述多种社会群体或生活方式；而多元文化主义则是国家的政策或战略，是国家、联盟或其他共同体、机构用来管理和应对多样性所产生的多元化问题和社会问题的，是用来制定一个社会体系，以满足少数群体对语言、文化、宗教上的特殊需要。多元文化主义是对同质或单一文化的民族国家神话的批判，也是对少数群体文化权利的维护。②

多元文化概念最早于 20 世纪初出现在美国学者霍拉斯·卡伦（Horace Meyer Kallen）《民主与熔炉》一书中。他针对当时盛行的"熔炉论"，对其美国化、同化和标准化的本质进行了反驳，提出文化多元主义（cultural pluralism）。他认为族群身份具有基因继承性且不可更改，想实现各族群人民的和谐相处，就必须尊重差异，保持各族群的文化特色。

---

① ［英］海伍德：《政治的意识形态》，陈思贤译，台北：五南图书，2009 年，第 304 页。

② ［英］斯图尔特·霍尔：《表征——文化表象与意指实践》，徐亮、陆兴华译，北京：商务印书馆，2003 年，第 233-234 页。

自 20 世纪 70 年代以来，伴随着世界范围内移民的不断增加和各国的少数民族权利运动的兴起，多元文化主义开始在世界范围内广泛传播，并呈现出多派别多维度的发展趋势。根据周少青教授的观点，多元文化主义可以从以下五个维度①进行理解：

1. 事实维度：在这一维度上，多元文化主义是一个描述性概念，表明随着多民族国家的形成和全球移民的流动，一个异质的多民族（族群）、多文化、多语言、多宗教的多元文化社会的形成。正如托多罗夫（Tzvetan Todorov）所评述，事实维度的多元文化主义既不是一种灵丹妙药，也不是一种威胁，而仅仅是存在的现实。换言之，事实维度的多元文化主义只是一种现实存在，而不是对多元文化社会的一种规范性反映。

2. 理论维度：理论层面的多元文化主义呈现出复杂多变的一面，根据权利主张的性质可以划分为社群主义派、激进派、自由派、保守派等。这些多元文化理论内部存在着不同甚至是对立的少数民族权利观。

3. 意识形态维度：这一维度下的多元文化主义则经历了巨大的发展和急剧的扩张。由最初（卡伦时代）的一种反抗的意识形态，发展成一种超级意识形态，不仅成为黑人、土著人、移民等少数民族或族群的斗争武器，还变成女权运动、同性恋权利和性自由权利及其他特殊生活方式喜好者的合法性护身符。

4. 政策维度：政策层面的多元文化主义则是一种"行动中的多元文化主义"，即在实际操作中对文化多样性和移民问题采取的政策，其体现的权利保护（标准）也相应成为一种"行动中的法"。如文化多样、移民众多的欧洲诸国就实施了多元文化主义政策，以促进社会平等，缓解改善紧张的民（种）族关系。

---

① 周少青：《权利的价值理念之维：以少数群体保护为例》，北京：中国社会科学出版社，2016 年 6 月，第 138—144 页。

5. 价值理念维度：多元文化主义的价值理念主要包括两个方面的内容：一方面，多元文化主义价值理念强调文化的多样性对人类、国家、地区、人类共同体及个人自由的不可或缺的价值，强调多元的文化对于整个人类命运的重要影响；另一方面，多元文化主义理念强调平等、正义、尊重差异和包容，强调不同族裔文化群体在尊重差异、包容多样基础上的和谐相处，强调不同"主义"之间的最低限度的公约或通约。

简而言之，多元文化既可以用来描述一个通常包含移民的多元文化社会，即人口格局的多元文化主义，也可以用来定义基于多元社会的一种哲学思想和价值观念，即作为政治哲学的多元文化主义，还可以用来定义在前两者基础上制定的官方政策以及由此形成的意识形态，也就是作为公共政策的多元文化主义。因此，这个概念既包括对多元文化社会现象本身的描述，也包括对此问题的思考以及为此实施的应对方案。① 多重内涵的交织导致了人们在对多元文化主义进行争论时往往因关注点不同而产生分歧，导致意见不一、难以达成共识。

欧盟作为一个超国家联合体，其多元文化体现在多个维度。事实维度上的欧盟多元文化涉及两个范畴：一是欧洲各成员国有其独特的国别属性，具有其独特的民族文化多样性；二是欧洲本土文化与近年来涌入的非欧洲本土文化形态共同存在而形成的混合的文化多样性，这主要是外来移民产生的文化多样化。② 在理论、政策以及价值理念上，欧盟几个主要成员国所推行的多元文化也各具特色，呈现出一种交错复杂的特征。

---

① 鲍永玲:《欧洲难民潮冲击下的多元文化主义政策危机》,载《国外社会科学》2016 年第 6 期,第 67 页。

② 张金岭:《欧洲文化多元主义:理念与反思》,载《欧洲研究》2012 年第 4 期,第 126 页。

三、多元文化教育

多元文化主义内涵如此错综复杂，其衍生出的多元文化教育理论也因为不同的关注重点和视角而模式不一，不尽相同。多元文化教育并无统一的定义，不同的文化群体对这一概念的理解是不同的。

一般认为，多元文化教育兴起于 20 世纪下半叶英美等西方国家，随后迅速成为全球普及的一种思潮和社会与学校教育改革运动。[①] 多元文化教育是教育领域对人类文化多样性的价值回应，对多样文化关系的积极思考，因此研究多元文化教育对未来如何处理好多民族的全球、国家以及地区的教育发展有着重大意义。

《多元文化教育词典》中，美国教育人类学家卡尔·格兰特（Carl A. Grant）将多元文化定义如下："多元文化教育基于平等、自由、正义、尊严等理念，希望通过学校及其他教育机构，为学生提供不同文化团体的历史、文化以及贡献等方面的知识，使学生了解与认同自己的文化，进而能欣赏及尊重他人的文化。多元文化教育为处于文化不利地位的学生提供恰适性及补救教学的机会，以协助学生发展积极的认同概念。多元文化教育涉及族群、阶级、性别、宗教、语言、特殊性等层面的议题。"[②]

美国学者尼托（Sonia Nieto）则认为，文化多样性是教育领域改革的重要挑战之一，教育改革应充分考虑多语、多元文化因素，强调通过提升教师的多元文化素质、学校制定多元文化的相关政策以提高学生的学习兴趣和学业成就。尼托强调，不同的种族血统，不同的身体特征，不同的文化传统，不同的习俗语言和（或）不同的宗教都是文化多样性的表现，都应在多元文化教育中有所体现。她认为多元文

---

① 滕星主编：《多元文化教育——全球多元文化社会的政策与实践》，北京：民族出版社，2010，第 3 页。

② 谭光鼎、刘美慧、游美惠：《多元文化教育》，台北：高等教育文化事业有限公司，2010 年，第 7 页。

化教育就是在构建教育体系时充分考量教育参与者所含有的文化差异的各个层面，即种族、阶层、身体状况、性取向、年龄、宗教背景及语言状况等因素，使所有受教育者都有平等的受教育权利及教育资源享有权。简而言之就是，所有族群都应当享有平等的受教育权，反对任何形式的教育歧视。在尼托看来，多元文化教育是反种族主义的，是关乎人的基本权利的，是针对全体学生的，是需要全社会普及的，是促进社会公正的，是过程性的，也是批判性的。①

学者克里斯汀·贝内特（Christine Bennette）在《多元文化教育研究与实践流派》一文中，进一步将多元文化教育理论按照关注重点不同分为课程改革、社会公平、多元文化能力和公平教育四大流派。②吉布森（Margaret Alison Gibson）则是区分并分析了美国多元文化教育的四种不同方法：为不同文化背景的学生提供平等的受教育机会；教育学生理解文化的概念、价值差异，帮助学生获得个人不同的权利；保持且扩大文化的多元性；在两种不同的文化中培养成功且有能力的人。③

华盛顿大学的詹姆斯·班克斯教授（James A. Banks）对多元文化教育的定义进一步阐述，他认为"多元文化教育是一种思想或理念，倡导所有学生，不管他们属于哪个群体（基于性别、种族、民族、社会阶层、文化、宗教差异等），都应该在学校里体验到教育平等；多元文化教育还是一场教育改革运动，它规划并引起学校的改革，以保证所有学生拥有获得成功的平等机会；最重要的是，多元文化教育是一个持续的教育过程，其教育平等和消除歧视等教育目标在

① Nieto,Sonia. *Affirming Diversity:the Socio-political Context of Multicultural Education*. NY:Longman,1996,p. 3.

② Bennet,C. Genres of Research and Practice in Multicultural Education. *Review of Educational Research*,2001(71-2),p. 171-217.

③ Gibson,M. A. Approches to Multicultural Education in the United States:Some Concepts and Assumptions. *Council on Anthropology and Education Quarterly*,1976(7), pp. 7-18.

人类社会中短期不能完全实现，是一个长期为之努力奋斗的过程。"①
班克斯强调，多元文化教育的目标是为了创造出一个环境，为来自不
同民族、种族、不同社会经济背景的学生提供平等的教育机会，促进
文化保存，保护文化多样性，使得他们成为批判思考者和有责任心的
民主社会好公民。与此同时，他还提到多元文化教育需要推进统一的
国家文化，重视公民认同教育，并实现"合众为一"的理想。② 多元
文化教育的主要目标不仅是面向一部分少数群体学习者，而是向所有
的学习者提供所需要的技能与知识。多元文化教育不仅仅是一种对教
育实践的关注，一个所有学生受教育机会平等的途径，同时也是一个
旨在为全社会发展作出贡献的方法。③

　　随着多元文化主义的盛行，多元文化教育在全球范围内得到了广
泛实施。然而，各国由于文化背景、历史、社会结构和教育体系的不
同，对于多元文化的理解和处理也有所不同。与美国的多元文化教育
对种族和文化多样性的关注不同，英国的多元文化教育主要是针对有
色人种和外来移民；加拿大的多元文化教育则关注土著居民和文化意
义上的少数族群；而在欧洲，后移民时代城市中的混居群体及移民的
文化差异则是重点。在术语表述上，德国、希腊、爱尔兰更倾向使用
"跨文化教育"，相比之下，美国、英国和荷兰则使用多元文化教
育。④ 尽管术语有所不同，多元文化教育的核心目标仍然是希望通过

---

① Banks, J. A. Introduction In J. A. Banks & C. A. McGee Banks (Eds.), *Handbook of Research on Multicultural Education* (2nd ed.). San Francisco: Jossey-Bass, 2004.

② Banks, J. A. *Cultural Diversity and Education: Foundations, Curriculum and Teaching*. Boston: Allyn and Bacon, 2001, p. 48.

③ Payne, C. R. & Welsh B. H. The Progressive Development of Multicultural Education Before and After the 1960s: A Theoretical Framework. *The Teacher Educator*, 2000(36), pp. 29-48.

④ Faas, Daniel, et al. Intercultural Education in Europe: Policies, Practices and Trends, *British Educational Research Journal*, 2013, p. 305.

教育肯定并促进文化多样性，尊重人权，进而促进社会的正义、公平与民主。

多元文化教育作为教育学科中的重要研究领域之一，内容包括多元文化教育的理论研究、政策研究、比较研究、历史研究、心理研究等。在多元文化教育政策的研究中，双语教育政策、优惠教育政策、职业教育政策及国别比较等中观研究居多，宏观政策及国际组织的多元文化教育研究相对较少。因此，对欧盟这一重要国际组织的多元文化教育政策进行深入研究，有助于我们深入理解多元文化教育的不同维度，丰富我国多元文化教育的研究内容，这对于辨清多元文化教育的实质，避免更多关于多元文化教育的"辩论"和"混战"，有一定的作用和意义。

需要注意的是，自 2000 年以后，多元文化在欧盟政策文本中的出现频率减少，欧盟政策文件措辞中更多用"跨文化""文化多样性"来替代"多元文化"。然而，许多学者（如金里卡①、班廷②、马修③等）的研究表明，欧洲的多元文化政策依然还在进行。一些欧洲学者则认为，多元文化和跨文化在欧洲往往被视为同义词，但由于政治和其他因素，多元文化成为公众舆论声讨的靶子。因此，我们不应仅仅因为欧盟政策文本中缺乏"多元文化"字眼就断定欧洲多元文化教育是失败的。因为在学术研究中，最重要的是社会中的"实"，而不是字面上的"名"。所以我们不应拘泥于现有的名词概念，而要从现实出发，从多元、演变、互动和辩证的角度来分析和把握复杂的客

---

① ［加拿大］威尔·金里卡：《多元文化主义：成功、失败与前景》，张泽清摘译，《共识（2013 秋刊 10）——两个百年三个自信 共和宪政法治中国 2014 年》。

② Banting K. & Kymlicka W. Is There Really a Backlash Against Multiculturalism Policies? New Evidence From the Multiculturalism Policy Index. *Comparative European Politics*, 2013, 11(5), pp. 577-598.

③ Mathieu, F. The Failure of State Multiculturalism in the UK? An Analysis of the UK's Multicultural Policy for 2000—2015. *Ethnicities*, 2018, Vol. 18(1), pp. 43-69.

观事实。①

因此，在研究欧盟的多元文化教育时，我们不仅要关注欧盟对其成员国本土文化的传播和促进，对非欧洲移民群体的教育举措及文化保护，同时还要关注欧盟为促进一体化进程所推行的欧洲公民教育。欧盟的多元文化教育正是基于文化平等、尊重差异、维护正义、促进欧洲一体化进程和增强欧洲社会凝聚力这一前提，在欧盟范围内实施的一种教育理念、教育政策及教育过程。同时需要指出，虽然欧盟多元文化教育的内涵中也包括性别、残疾、年龄、性取向等方面，但这些在欧盟多元文化和欧洲认同的关系中并未处于核心地位，没有造成较大的社会分裂，因此在本研究中不予详细评述。欧盟境内还有让人无法回避的大批政治避难者和非法移民，但为了聚焦，本书的研究对象重点在欧盟移民和欧洲本土少数族群，政治避难者和非法移民不在本研究范围内。

第二节　研究动态

一、欧盟教育政策的相关研究

近年来由于欧洲一体化进程的推进，欧盟在世界政治与经济格局中有着较大的影响，学术界对欧盟的关注和研究自其成立起也层出不穷。国内外学者对欧盟教育政策的研究主要聚焦于以下两个方面：

（一）欧盟教育政策的综述性研究

有关欧盟教育政策的综述性研究主要集中在以下几个方面：对欧

---

① 马戎:《评安东尼·史密斯关于"nation"（民族）的论述》，载《中国社会科学》2001 年第 1 期,第 141–151 页。

盟教育政策发展阶段进行历史分析、探讨政策目标和功能、分析政策发展特征以及评估政策影响。此外，学者们还重点讨论了欧盟教育政策发展阶段的划分问题。

安得利亚斯·莫斯克纳斯（Andreas Moschonas）在《欧盟教育与培训》（*Education and Training in the European Union*，1998）中介绍了欧盟教育的社会经济和文化政治功能，对欧盟教育的政治方针、教育投资及不足进行了论述。[①] 吉塞尔·戈里（Gisella Gori）的《正视欧盟的教育权利》（*Towards an EU Right to Education*，2001）对欧盟的教育方针及其实施和教育权利进行了分析。[②]

在此之后，更多综述性研究开始对欧盟教育政策发展阶段进行历史分析。国内对欧盟教育政策最早的综合性研究出自欧阳光华，在其2005年发表的《一体与多元——欧盟教育政策述评》一文中，他对欧盟教育政策从历史进程、内涵解读、特点评析三个维度进行了全面介绍，从而全方位展示了欧盟教育政策的整体轮廓与风貌。[③] 同年，学者郑海燕发表了《欧盟的教育与培训政策》，从指导思想、终身学习、职业培训三方面对欧盟1990年至2000年的教育政策整体发展概况进行了介绍，并针对欧盟教育及培训战略计划、具体教育政策措施及其对终身学习的促进进行了深入的分析。[④] 另外，2009年胡伯特·埃特尔和喻恺的《欧盟的教育与培训政策：五十年发展综述》以及王小海的《欧盟教育政策发展五十年之历程》都从历史发展的角度对欧盟教育政策进行了全方位的介绍，前者将欧盟教育政策的发展划分

---

① Moschonas, Andreas. *Education and Training in the European Union*. London：Routledge, 2018.

② Gori, Gisella. (ed.) *Towards an EU Right to Education*(*European Monographs*, 28). The Hague：Kluwer Law International, 2001.

③ 欧阳光华：《一体与多元——欧盟教育政策述评》，载《比较教育研究》2005年第1期，第11-15页。

④ 郑海燕：《欧盟的教育与培训政策》，载《国外社会科学》2005年第1期，第71-76页。

成三个阶段，从法律基础、指导原则和主要政策对各阶段的欧盟教育政策的影响等角度分别进行叙述;① 后者则持五阶段论，研究不仅对各阶段的内容进行了简要介绍，还着重阐述了"欧洲维度"的重要性。②

除了期刊论文，还出现了一些更为系统的综合性研究。李晓强在其博士学位论文《欧洲一体化背景下的欧盟教育政策研究》中以欧洲一体化为背景，在概括介绍欧盟教育政策发展历程的基础上着重分析了欧盟教育政策的动因、功能、价值、决策机制、实施过程等问题，并以瑞典、英国和德国为个案考察了欧盟教育政策在成员国层面的实施情况。③ 窦现金等人编撰的《欧盟教育政策》将各领域教育政策作专章独立叙述，对欧盟的基础教育政策、高等教育政策、职业教育与培训政策及终身学习政策进行了详细介绍，但该书以信息呈现为主，对欧盟教育政策形成的过程缺乏一定的分析和阐述。④ 而冉源懋博士的学位论文《从隐性生存走向软性治理——欧盟教育政策历史变迁及发展趋势研究》对欧盟教育政策的各个历史阶段的发展进行了分析，并基于 21 世纪以来欧盟教育政策的新动向，得出欧盟教育在价值取向上已发生变化的结论，认为欧盟的软性治理是实现其"欧洲维度"或"欧洲认同"的重要手段。⑤

在上述综述性研究中，有的较为宏观，对欧盟教育政策的动因有较为详细的分析;有的内容丰富，分别对欧盟的基础教育政策、高等

---

① 胡伯特·埃特尔、喻恺:《欧盟的教育与培训政策五十年发展综述》,载《教育学报》2009 年第 1 期,第 113-121 页。

② 王小海:《欧盟教育政策发展五十年之历程》,载《江苏社会科学》,2009 年第 s1 期,第 58-63 页。

③ 李晓强:《欧洲一体化背景下的欧盟教育政策研究》,北京师范大学博士论文,2006 年。

④ 窦现金、卢海弘、马凯:《欧盟教育政策》,北京:高等教育出版社,2011 年,第 246 页。

⑤ 冉源懋:《从隐性生存走向软性治理——欧盟教育政策历史变迁及发展趋势研究》,西南大学博士论文,2014 年。

教育政策、职业教育与培训政策、终身学习政策都进行了介绍，提供了大量的案例和佐证；有的则从历史的角度纵向梳理了欧盟教育政策，通过分析，得出欧盟教育政策已从最初附着于经济政策的隐性生存状态发展为软性治理的结论。

（二）欧盟各领域教育政策的研究

欧盟的建立首先是源于经济联盟和贸易联盟。由于职业教育和高等教育这两个领域与经济联系紧密，因此从一开始就得到欧盟的高度重视及成员国的积极参与。基于此原因，这两个教育领域广受关注，相关的研究内容比较丰富。

2004 年，勒尼（Tom Leney）和格林（Andy Green）发表了名为《实现里斯本目标：职业教育与培训的贡献》的欧盟教育政策中期评估报告。此报告提出：截至 2004 年，欧盟职业教育与培训政策所取得的成果并没有达到预期，离里斯本战略建立以知识为基础的、世界上最有竞争力的经济实体这一目标尚存在较大距离。因此报告提出欧盟教育应加强国家间的合作，打破普通教育、高等教育和职业教育之间的壁垒，通过各领域教育的相互合作实现职业培训教育和其他领域教育整体发展的目标。①

国内学者在这一领域也有较多的研究成果。主要有李新功的博士论文《欧盟职业培训：政策与实践》，② 雍冀慧的博士论文《欧盟职业教育与培训政策及其对中国的启示——基于里斯本战略的研究》，③ 苟顺明的《欧盟职业教育政策研究》④ 和袁李兰、陈悦的《欧盟职业教

---

① Leney,Tom & Green, Andy. Achieving the Lisbon Goal：The Contribution of Vocational Education and Training. *European Journal of Education*, 2005（3）, pp. 261-278.

② 李新功:《欧盟职业培训政策与实践》,复旦大学博士论文,2005 年。

③ 雍冀慧:《欧盟职业教育与培训政策及其对中国的启示——基于里斯本战略的研究》,南开大学博士论文,2010 年。

④ 苟顺明:《欧盟职业教育政策研究》,西南大学博士论文,2013 年。

育和培训国际化举措分析》。① 其中李新功在其研究中从经济学的角度系统分析了欧盟职业培训的政策和经验，而雍冀慧则是从社会学的角度对欧盟职业教育与培训政策的目标、构成、体系及实施原理进行研究，总结了欧盟职业教育与培训政策在解决结构性失业、促进经济结构转型方面的经验和成绩。苟顺明从比较教育的角度系统分析欧盟的职业教育政策，特别探讨了欧盟职业教育政策所发挥的教育功能（人才培养和培训）和经济功能（促进就业）。袁李兰、陈悦则是就欧盟在经济发展、社会人口结构及就业形势的挑战下所采取的教育培训举措进行分析，总结目前发展的成效与问题。

除了职业教育与培训领域，欧盟高等教育政策也是研究的热点，而促成欧盟高等教育一体化的博洛尼亚进程成为研究的焦点。罗瑞尔·S. 特瑞（Laurel S. Terry）在《博洛尼亚进程及其对欧洲的影响》一文中从背景、缘起、目标、发展进程四方面对博洛尼亚教育一体化进程进行了全面介绍，指出博洛尼亚进程的实现将对欧洲乃至世界产生重大影响。② 国内学者魏航的博士学位论文《欧盟高等教育合作交流政策研究》从弹性融合与多元发展、欧洲认同的加强及政策的影响力等方面对欧盟高等教育政策进行研究，认为合作是世界高等教育的发展趋势。③ 阚阅的《多样与统一——欧洲高等教育一体化研究》一书则从教育学、历史学、法学及国际关系等多学科视角，以法律与制度的建立运行为纬，以历史与现实的发生为经，回顾了欧洲高等教育一体化发展历程，并对其未来走向做了预测。④ 此外，田鹏在其博士

① 袁李兰、陈悦:《欧盟职业教育和培训国际化举措分析》,载《职业技术教育》2019 年第 3 期,第 56-61 页。

② Terry, Laurel S. The Bologna Process and its Impact in Europe: It's So Much More Than Degree Changes, *Vanderbilt Journal of Transnational Law*, 2008 (41), pp. 107-228.

③ 魏航:《欧盟高等教育合作交流政策研究》,东北师范大学博士论文,2011 年。

④ 阚阅:《多样与统一——欧洲高等教育一体化研究》,杭州:浙江大学出版社,2016 年。

学位论文《认同视角下的欧盟语言政策研究》中通过对欧盟语言政策的分析得出结论：多语言计划有利于一体化进程的深化及欧盟公民社会的形成，从而强化欧盟的集体认同。① 与此同时，还有许多针对欧盟具体教育计划的研究，如伊拉斯谟计划研究、让·莫内计划、格拉特威格计划研究等。

总的说来，有关欧盟各教育政策的研究领域广泛，成果丰富，大量研究对欧盟教育的历史发展进程进行了探讨，对教育在欧盟一体化进程的作用进行了阐述，对欧盟教育政策的软性治理功能进行了论述。

二、多元文化教育理论研究

多元文化教育的理论渊源是文化多元主义、文化相对论、社会学习理论等。在 19 世纪以前，美国在处理由不同族群引起的文化冲突时，大多使用"以一众化"的"同化论"和"熔众为一"的"熔炉论"两种模式。② 主张"同化论"的人认为，美国少数族裔必须认同和学习大多数人的盎格鲁·撒克逊文化，学校里的黑人、印第安人、拉丁美洲人、亚洲人通过过渡式双语教育、浸没式双语教育等模式学会英语，能用英语进行日常交流，学校的课程、教材等也没有涉及少数族裔的文化和相关内容。而"熔炉论"则是由法裔美国学者德·克雷弗柯（J. Hector St. John de Crevecoeur）于 1782 年提出。德·克雷弗柯认为，美国是一个"新型人"的熔炉，这些新型人是来自不同国家和文化背景的移民的混合体。在美国，他们融合成了一种新型的身份和文化。他认为，不同背景的移民在美国这个"熔炉"中应该相互融合和同化，保持自身独特性的同时又将与主流文化不适应的方面进行修剪和改进，从而"熔"入美国文化之中。

---

① 田鹏：《认同视角下的欧盟语言政策研究》，上海外国语大学博士论文，2010 年。

② 吴明海：《当代多元文化教育思潮历程初探》，载《民族教育研究》2015 年第 2 期。

随着社会的进步和教育学、心理学等学科的发展，20 世纪 20 年代，美国犹太籍哲学家、心理学教授霍拉斯·卡伦（Horace Meyer Kallen）提出了文化多元论（Cultural Pluralism），对带有强制同化色彩的美国化运动进行了批判，认为在多元文化社会里，在主流民族文化与少数民族亚文化的接触过程中，各文化都有权保留他们自己的文化特质，而不应该被强制益格鲁−撒克逊化。[1] 有人甚至形象地用公式揭示了三种不同理论的内涵，"同化论"是 A+B＝A，"熔炉论"是 A+B＝C，文化多元论是 A+B＝A′+B′。[2]

20 世纪 50 年代起，《联合国宪章》颁布后，美国的种族隔离政策逆世界潮流而动，备受国际国内的舆论抨击。继著名的"布朗诉托皮卡教委案"（Brown Vs. Board of Education）之后，"隔离但平等"的规定被废除。历经艰苦卓绝的努力，最终民权法案（Civil Rights Act）得以颁布。这标志着不同族群终于可以在法律保护范围内拥有平等的教育愿景。此后，多元文化教育的理念开始在美国乃至世界范围内推行，其理论得到不断的发展和完善。其中奥格布（John Ogbu）的"阶层化社会理论"和"文化模式理论"成为 20 世纪 90 年代最有影响力的理论。此外，班克斯的多元文化教育理论以及卡尔·格兰特的多元文化教育课程模式都成为影响深远的理论流派。

在针对美国少数族群低学业成就原因的研究中，奥格布先是提出"阶层化社会理论"，认为种族制度使美国成为一个类卡斯特社会（Caste Like），认为造成美国少数族群学生学业成就低的原因并非是区别于白人的基因，而是宏观的美国种族化的制度环境，在这样一个类卡斯特等级社会中，少数族群学生被认为天生是次等群体，只能从事低收入、低技能及重复性的工作，这种固定思维使得少数族群学生

---

① 王建娥：《多元文化主义观念和实践的再审视》，载《世界民族》2013 年第 4 期，第 2 页。

② 滕星：《多元文化教育——全球多元文化社会的政策与实践》，北京：民族出版社，2010 年，第 5 页。

认为教育无法改变其未来工作的选择及机会，进而对学校教育产生消极抵触情绪，最终导致不理想的学业成就。① 但该理论无法解释亚裔少数族群学生同为移民群体但学业优异的情况。1988 年，奥格布对这一理论进行了修正，提出了综合的"文化模式理论"，将美国少数民族分为"自愿移民少数民族"和"非自愿移民少数民族"，以参照架构、族群理论、生存策略、社会认同、与主流族群的关系等方面作为少数民族的文化模式，从而得出非自愿移民少数民族的文化模式是"消极的二元参照架构"的结论。这些非自愿移民少数民族认为教育无法消除他们所受的社会歧视，很难突破阶层流动并找到理想的工作。这一区分能更好地解释一些移民少数群体的学业失败现象。②

詹姆斯·班克斯则是针对学校中多元文化的实践，系统化地提出了多元文化教育的目标、维度、课程改革及新出现的教育范式。他认为，多元文化教育的目标旨在帮助学生获得技能、态度、知识，以及减少学校某些族群由于其体貌和文化差异所造成不良经验。多元文化教育包括内容整合、知识建构过程、减少偏见、平等教学法和赋权的学校文化五个维度。③ 多元文化课程标准的核心在于知识的选择。此外，他还提出了多元文化课程发展模式具有贡献取向、附加取向、革新性取向、决策与社会行动取向的逐步递进式发展。班克斯在其著作中还具体分析了多元文化教育中教师的职能、教学策略、学校的教学目标、价值观，以及符合多元文化教育的学生学习策略。④

卡尔·格兰特突破了原有的多元文化教育概念上的局限，将多元

① Ogbu, John U. *Minority Education and Caste: The American System in Cross-Cultural Perspective*, New York: Academic Press, 1978.

② 哈经雄、滕星主编:《民族教育学通论》,北京:教育科学出版社,2001 年,第 59 页。

③ 朱姝:《詹姆斯·班克斯教育思想研究》,北京:民族出版社,2014 年,第 98 页。

④ Banks, J. A., et al. *Diversity Within Unity: Essential Principles for Teaching and Learning in a Multicultural Society*. Seattle, WA: University of Washington, Center for Multicultural Education.

文化的定义范围扩大至阶层、性别、残障人群、同性恋群体的教育，认为只有具备教职人员组成和结构多元、课程灵活多元、对其他文化群体文化承认认同、教材包容多元等要素的教育才是真正的多元文化教育。同时他还提出了多元文化教育的五种课程模式，包括特殊性与文化差异模式、人际关系模式、单一群体模式、多元文化教育模式和多元文化社会正义教育模式。①

从多元文化教育理论的演进可以看出多元文化教育是一个不断发展的概念，其内涵随时代的变化而不断发展。多元文化教育是西方多民族国家为在多族群、多文化并存的社会背景下，保障各民族文化平等发展，从而使国家文化具有多样性的一种教育。多元文化教育始为西方国家民族教育的一种理念，但它一经形成，便成为世界民族教育的发展趋势，因为当今世界，任何一个国家和民族都面临新移民及接触异文化的问题，以及不同群体的各种文化相互接触、作用和渗透的问题，因此都需要在民族教育发展与多元文化的共存问题上不断进行摸索和思考。

在我国，多元文化理论研究主要以狭义的多元文化教育即民族教育为主。随着 20 世纪五六十年代民族识别工作的开展和完成，我国的民族教育研究也逐渐兴起。

提起我国的多元文化教育理论，我们往往会引用费孝通先生的"中华民族多元一体格局"② 理论。按照这一理论，中国 56 个民族的文化教育都是多元中的一元，而这 56 个民族文化教育都认同国家的一体教育，如同一座美丽的花园里，百花齐放，百家争艳，各个文化与民族之间平等而又团结，亲如一家。在这个理论基础上，滕星教授提出了"多元文化整合教育"理论。该理论明确指出多民族国家的教育要肩负的两个责任：一个是传递人类共同文化和本国主体民族文

---

① Grant, Carl A. *Global Constructions of Multicultural Education: Theories and Realities*. London: Routledge, 2001.

② 费孝通:《中华民族多元一体格局》,北京:中央民族大学出版社,1999 年。

化，一个是传递本国各少数民族的优秀传统文化。在这一理论指导下，少数民族成员不仅要学习本民族传统文化，也要学习主体民族的文化。同样，主体民族成员也要对民族文化进行学习，最终达到各民族经济上共发展、文化上共繁荣、政治上互尊重的民族大团结之目的。① "多元文化整合教育"理论提出了少数民族文化在国家主流文化的背景中生存并发展的路径，即文化整合，使少数民族的社会成员能更好地适应国家主导的社会生活，成为既可以传承本民族文化，又能够掌握现代社会所需知识与技能的"双语双文化"人。

吴明海教授以费孝通先生"多元一体文化观"为基础，结合中国古代哲学提出了"一核多元，中和位育"理论。② 该理论认为，多元一体文化格局中应该有"核"的存在，唯有如此，一体才能成为团结有力的自组织。"一核"产生于"多元"，且受惠于"多元"，发挥着凝聚力和向心力的作用。只有当"核"处于主导地位时，"多元"才能像太阳系中的行星围绕恒星运转一般形成"一体"，否则，"多元"将在与"一核"的互动中产生离心力，从而消解和解构"一体"。所以多元文化教育必须熔铸一个坚强有力的"核"来统领"多元"，只有这样才能形成各得其所、各就其位的"一体"，最终在"一体"中，达到"天地位焉，万物育焉"的效果。

此外，钱民辉教授还从意识形态、意识生态、意识心态的视角出发，提出了"多元文化教育三态说"，着眼多元文化教育的生存空间问题。③ 张诗亚教授则围绕和谐之道与共生教育两个概念提出"和谐共生"教育论。④ 这些理论都试图从中国多民族的实际教育状况出发，

---

① 哈经雄、滕星主编：《民族教育学通论》，北京：教育科学出版社，2001年。

② 吴明海：《一核多元 中和位育——中国特色多元文化主义及其教育道路初探》，载《民族教育研究》2014年第3期；第5-10页。

③ 钱民辉：《略论多元文化教育的理念与实践》，载《北京大学学报（哲学社会科学版）》2011年第3期：第136-143页。

④ 张诗亚：《共生教育论：西部农村贫困地区教育发展的新思路》，载《当代教育与文化》2009年第1期，第55-57页。

兼顾中国本土的文化多样性，建构适合中国国情的多元文化教育理论。

三、欧盟多元文化教育政策研究

教育政策和文化之间的联系紧密，好的教育政策不仅可以传输基本价值导向，回应社会发展需要，实现统筹兼顾，还有利于实现分配正义，促进教育公平，从而推动社会融合，形成社会凝聚力。欧盟的教育政策演变体现出了怎样的文化价值变更，是否满足了欧洲社会发展的刚需，是否解决了多元与一体的矛盾，这些问题的解答势必会让我们形成客观理性的教育政策评价，为未来我国教育政策制定和完善提供经验。

国内早期研究多聚焦于欧盟成员国的多元文化议题。如滕星教授对法国多元文化教育发展进行了研究，认为其多元文化教育政策经历了从同化到融合的转变，其"为了全体学生成功"的倡导进一步推动了法国多元文化教育，深化了多元文化教育改革。[1] 陈正、钱春春对始于20世纪60年代的德国多元文化教育发展历史进行了梳理，并对各个阶段进行了分析性研究。[2] 也有学者对西班牙多元文化教育进行了考察，认为西班牙教育改革的总体趋势是教育民主化和分权自治化，因此开展多元文化教育和全纳教育非常重要。[3] 赵萱[4]、张红霞[5]、张丽丽[6]、

---

[1] 滕星:《法国多元文化教育的发展》,载《中国民族教育》2009年第6期。

[2] 陈正、钱春春:《德国"跨文化教育"的发展及对中国的启示》,载《高校教育管理》2011年第2期。

[3] 黄志成:《西班牙的多民族跨文化教育》,载《中国民族教育》2006年第10期。

[4] 赵萱:《爱尔兰小学跨文化教育研究》,载《外国中小学教育》2012年第1期。

[5] 张红霞:《多语社会的母语教育——瑞典中小学母语辅助教学的启示》,载《外国中小学教育》2013年第2期。

[6] 刘丽丽:《德国移民教育政策评析》,载《理论前沿》2005年第21期。

许赟①分别对爱尔兰、瑞典、比利时、荷兰等国的多元文化教育进行了专门研究。

近几年，国内学者对欧盟多元文化教育政策的系统研究有所增加，其中刘红叶和肖丹的研究非常值得一提。刘红叶在《欧盟文化政策研究》中提出文化因素在欧洲一体化的发展进程中起着重要作用，而欧盟的文化政策促进了欧洲人民对欧洲共同历史、共同文化遗产的了解，有助于培养"欧洲意识"，形成欧洲认同。② 而肖丹博士在她的学位论文中以欧洲跨文化学习为研究重点，通过对欧洲跨文化学习的概念、历史演进、理论基础、主要政策、现实形态等方面的深入分析，从宏观层面把握欧洲跨文化学习发展的背景性因素和发展动向。③但她的研究中，跨文化研究仅局限为多语言教育及文化间的交流，没有涉及多元文化教育中针对少数群体进行公平教育的这一层面。

国外研究中，意大利学者马尔科·卡塔尔奇（Marco Catarci）2011 年参与的一项团队研究发现，在来自不同文化和社会背景的学生中间普遍存在一种"隔离"制度，这不仅不利于文化融合，更是对社会公平形成极大的挑战。文章指出目前欧盟教育体制面临的最主要问题是克服长期以来的欧洲中心论，让所有学生平等沟通，收获技能，促使他们在多元的欧洲社会获得积极参与的公民身份。④ 德国学者丹尼尔·法斯（Daniel Faas）则通过分析欧盟的教育政策，认为欧盟一体化的推进和教育的文化多样性有助于促进学校的教育方式和课程向多

---

① 许赟：《荷兰移民融合政策变迁——从"多元文化主义"到"新同化主义"》，华东师范大学硕士论文，2010 年。

② 刘红叶：《欧盟文化政策研究》，中共中央党校博士论文，2013 年。

③ 肖丹：《欧洲跨文化学习研究》，西南大学博士论文，2015 年。

④ Catarci, M. & Fiorucci, M. *Intercultural Education in the European Context：Theories, Experiences, Challenges* (1st ed.). London：Routledge, 2015.

元文化转变。① 而法国学者盖伊·齐博佐（Guy Tchibozo）从跨学科的角度研究了美国、欧洲、马来西亚等地的多元文化教育政策，探讨了具有多元文化教育背景的学生在毕业后所拥有的国际竞争优势。②

四、综述小结

目前国内外的研究更多集中在对欧盟教育政策内容的解读，或针对欧盟教育政策某个领域或某个具体行动计划进行研究；也有研究关注欧盟的文化政策，或欧盟的社会反歧视政策，但几乎没有针对教育、文化两方面政策的综合研究。

欧盟的文化教育政策从一开始就是服务于欧洲一体化进程，服务于构建欧洲认同。因此本研究从多元一体的关系入手，不仅关注欧盟教育文化在构建欧洲认同、促进一体化的作用，同样也要关注欧盟在保护成员国内部文化的多样性和平等性，以及成员国内部对待移民群体和少数族群的态度及教育举措。从多元一体关系的角度对欧盟教育政策进行历史阶段梳理，以期望厘清欧盟多元文化教育的发展，丰富多元文化教育研究内容，拓展多元文化教育的研究视野，同时为我国多元文化教育提供相关研究资料。

第三节　研究方法与研究思路

弗朗西斯·福勒（Frances C. Fowler）将政策定义为：特定政治制

---

① Faas D. , Hajisoteriou C. , Angelides P. Intercultural Education in Europe：Policies，Practices and Trends. *British Educational Research Journal*, 2014, 40（2）, pp. 300-318.

② Tchibozo G. *Cultural and Social Diversity and the Transition From Education to Work.* Berlin：Springer Netherlands，2013.

度在处理解决公共问题时的动态、价值高度涉入的过程，这一过程包括政府公开表达的意图和发布的官方措施，以及政府的外在行为和内隐行为模式。① 英国学者斯蒂芬·鲍尔（Stephen Ball）则把政策定义为对价值观进行权威性配置，对价值观进行的可操作性表述。② 一般而言，"公共政策"是指"由政党和国家机关制定与颁布的用以指导、约束人们行为的所有价值规范与行为准则的总称，是用以规范、引导有关机构团体和个人的行为准则和行动指南"。③ "任何政策的制定都是基于对某一个活动、某种利益轻重缓急的主观选择，这种选择的基础就是价值追求。"④

教育政策作为一种公共政策，是负有法律或行政责任的教育组织及团体为了实现某一时期的教育目标和任务而规定的行动准则，⑤ 是政党、政府等政治实体为实现一定历史时期教育目标而制定的行政准则，随着时间及情境的变化而历经不断的调整与发展。⑥

不论是国际还是国家层面，政治、经济、社会、意识形态一直都影响着教育政策的制定。因此教育政策也能反映出一个国家或组织在政治经济和社会层面的优先考虑因素、视角及举措，是价值导向的，包含价值观的再生和传播。

根据陈振明教授对教育政策所做出的定义，政策是"国家机关、政党及其他政治团体在特定时期为实现或服务于一定社会政治、经

---

① ［美］弗朗西斯·C. 福勒：《教育政策学导论》，许庆豫译，南京：江苏教育出版社，2007 年，第 8 页。

② ［英］斯蒂芬·鲍尔：《政治与教育政策制定——政策社会学探索》，王玉秋、孙益译，上海：华东师范大学出版社，2011 年，第 12 页。

③ 褚宏启主编：《教育政策学》，北京：北京师范大学出版社，2011 年，第 37 页。

④ 袁振国：《教育政策分析与当前教育政策热点问题》，载《复旦教育论坛》2003 年第 1 期，第 29—32 页。

⑤ 成有信等：《教育政治学》，南京：江苏教育出版社，1993 年，第 201 页。

⑥ 张新平：《教育政策概念的规范化探讨》，载《湖北大学学报（哲学社会科学版）》1999 年第 1 期。

济、文化目标所采取的政治行为或规定的行为准则，它是一系列谋略、法令、措施、办法、条例、方法的总称"。① 基于此，欧盟的教育政策指的就是欧盟理事会和欧盟委员会等欧盟行政机构所制定和发布的有关教育发展的法律条例（regulations）、指令（directives）、决议（resolutions）、意见（opinions）和建议（recommendations）、行动计划（action plans）、框架计划（programs）以及白皮书（white papers）和绿皮书（green papers）等等，其中，欧盟的法律条例、指令及决定具有一定法律约束力，而其余文件只具有指导意义，并无法律效力。②

一、研究方法

（一）文献研究法

历史研究的关键在于相关资料的收集与分析。本研究的史料包括欧盟颁布、签订的与教育相关的国际公约、宣言、报告、建议、统计、会议决议、出版物等原始文献，以及对欧盟多元文化教育历史原始文献进行研究编写的二次文献。通过官网、图书馆、中国知网等渠道进行全方位的搜集。然后对所获文献内容进行整理、归类、分析，以便对国际组织多元文化教育政策形成整体认识，并在此基础上，总结欧盟多元文化教育政策的历史进程，探究欧盟多元文化教育政策的历史规律。

（二）历史研究法

政策代表了一种解决方案。对欧盟多元文化教育政策的历史研究之目的在于系统地研究其发展起因及其变迁发展过程，从各种教育政

---

① 陈振明：《政策科学——公共政策分析导论》，北京：中国人民大学出版社，2003 年，第 50 页。

② 郑海燕：《欧洲联盟信息政策研究》，北京：北京图书馆出版社，2004 年，第 14 页。

策的制定与实施中发掘可分析的资料。本文以马克思唯物史观为指导，力求在比较完备的史料基础上，对欧盟多元文化教育政策制定的起因及发展机制进行深入探究，用发展的眼光对多元文化教育政策进行纵向的时间排序、阶段划分以了解其发展规律和特征，对其未来发展及变化作出前瞻和预测。并且，本研究尤其关注欧盟多元文化教育政策产生、发展、调整的历史进程与当时社会背景、政策环境之间的逻辑关联，以及社会背景和政策环境对多元文化教育政策的影响。

二、研究思路

(一) 进行欧盟多元文化教育政策的文本分析

对政策文本的内容进行有效归纳与分析是教育政策研究的基础的步骤。欧盟多元文化教育政策文本来源于三个方面。首先是欧盟所有通过的公约、决议、宣言，这是欧盟作为超国家组织之存在根本，是联盟各成员国的共同价值基础，也是整个欧盟机构的行动纲领。同时，欧盟制定了一系列中长期教育行动计划，这些行动计划是欧盟教育政策的实质组成部分，代表了欧盟的教育政策走向。其次是欧盟的公约、决议、宣言、报告，本书将对其中与多元文化教育有关联的内容进行分析，如多语言政策、跨文化教育政策等。对欧盟多元文化教育之相关资料进行分类、归纳，对其多元文化教育的相关政策进行深入剖析是本研究的主要目标。

(二) 发现欧盟多元文化教育政策的特点、理念和动力源

教育政策的制定目标是为了应对并解决教育的实际问题，因此，特定历史时期的社会背景促生了教育政策的出台。同时，社会环境和历史条件会影响、扭转政策制定者的思想观念，由此对政策制定的出发点和政策目标产生作用。这两方面就是政策的动力源头。从成立之

初至今，欧盟所颁布的教育政策与欧盟发展历史密切相关，反映出政策制定时期的社会问题及教育需求，因此将教育政策放在宏观的社会背景、国际背景中考察，分析政策出台的社会发展状况，是深入探究多元文化教育政策的有效途径。并且，不同历史时期的教育政策表现出不同特征，对不同历史语境下政策特征的剖析将展现政策发展的全景视角。本研究将力求从价值取向、内容向度、目标方向等方面分析欧盟多元文化教育政策的特征。

（三）找出欧盟多元文化教育政策的历史轨迹

历史研究必须透过研究者的眼睛还原事实，展现事物从产生到发展、变化、消亡的过程是历史研究的主要内容。对已逝去的人类生活或活动做出一个概要的区分，划出若干个大的阶段并指出划分的标准，即所谓的历史分期。历史分期是一种重要的历史研究方法，它通过挖掘相关历史背景，对相关条约、公约、宣言及政策进行历史背景解读和文本解读，发现蕴含其中的价值理念，将隐藏的、零散的价值理念研究梳理成可见的、系统的价值理念学说。因此，本研究除了对不同历史阶段里欧盟的公约和政策进行梳理，也会对联合国、欧洲委员会等国际组织在这一时期的主要导向性政策和条约加以分析。由于涉及欧盟教育文化的法律法规及政策在时间上会有一定的交错，因此本研究的发展阶段研究以政策的大致时段划分，不细化到具体年份。

探索欧盟多元文化教育政策的起源，其发展的历史轨迹，以时间为线索挖掘政策改变和演进的根本动力是本研究的基本任务。同时我们还应看到，作为过程的历史尚未完结，因此我们只能基于对历史及现状的分析来研究欧盟多元文化教育的发展方向。本研究将在文献梳理的基础上，忠实于历史，结合影响政策出台的内部和外部环境，力求系统化、连续化地展现欧盟多元文化教育政策的历史进程。

第二章 多元一体的发端：
欧盟多元文化教育的孕育期
（20 世纪 50 年代至 70 年代）

　　有人说，欧洲文化就像一幅巨大的马赛克图景，其中每一块马赛克都是不同的，都有其独特的价值和重要地位。欧洲历来就是一个由不同民族、宗教、种族组成的多元文化社会，它的发展本身就是多元文化并存并不断发生碰撞的历史过程。欧洲是经过不同人民、不同文化、不同阶级、不同国家之间的相互作用，自我编织而成的一个多样性的互相矛盾的整体。① 而作为一个拥有 27 个成员国（不包括已退出欧盟的英国），政治体制近似一个联邦的国际组织联盟体，欧盟本身就容纳了欧洲本土不同民族、习俗、宗教等多元文化的特征。自 20 世纪 50 年代成立以来，欧盟就一直致力于欧洲"一体与多元"的矛盾的协调，而欧盟的多元文化教育就是在这样的背景下开始的。

---

　　① ［法］埃德加・莫兰：《反思欧洲》，康征、齐小曼译，北京：生活・读书・新知三联书店，2005 年，第 15 页。

第一节　社会历史背景：共建战后经济

一、欧洲多国联盟的建立

"欧洲"既是一个地理概念，同时又是一个地缘政治上的概念。欧洲作为地理概念是由它的界线确定的，而这个界线又是随着人们对这片大陆不断更新的精确认识而不断地变化。过去几个世纪里，在欧洲许多小单元的地形布局中产生和发展出丰富多样的语言和文化，而这不仅是欧洲的宝贵遗产，也是后来欧洲分裂的重要根源。与此同时，在历史的长河中，欧洲的各种语言和文化一直进行着交流往来，又说明这片大陆上的各种语言和文化能够在同一种更大的文明内部共处。①

在政治意义上，欧洲的概念常与推动欧洲联合或统一的各种努力密切相关。历史上，欧洲人曾以多种方式追求这一目标，其中最常用的手段就是战争。从查理曼帝国到哈布斯堡王朝，从拿破仑到希特勒，众多野心家试图通过军事手段实现统一欧洲的梦想。② 然而，这些尝试无一成功。战争不仅未能实现欧洲的统一，反而加深了欧洲的分裂，使人民深受战争之苦。

20世纪前五十年是欧洲走向自我毁灭的五十年。在不到半个世纪里，曾经以世界中心自居的欧洲失去了全球主导地位。两次战争，原本是欧洲"内战"，后来演变成了世界大战。欧洲这块资本主义的发

---

① ［英］德尼兹·加亚尔等：《欧洲史》，蔡鸿滨、桂裕芳译，海口：海南出版社，2005年。

② 李世安、刘丽云：《欧洲一体化史》，石家庄：河北人民出版社，2003年，第1页。

祥地、工业革命的摇篮，在连续经历两次战争灾难的重创后变得千疮百孔，极度衰弱。第二次世界大战更是人类历史上的一场浩劫。战争中军民伤亡人数达 9000 余万人，5 万多亿美元付诸东流，是人类历史上规模最大的世界战争。而作为主战场之一的欧洲有 3000 多万人丧生，经济遭到极大破坏。① 整个欧洲满目疮痍，人口锐减，难民四野，城市毁坏，交通中断，粮食短缺……此时的欧洲不仅无力主宰世界事务，而且连欧洲大陆自身的经济和政治危机也难以应对。战后，欧洲的命运受到苏联和美国两个超级大国的操纵，东欧受控于苏联，而西欧则受制于美国，欧洲在世界政治格局的中心地位彻底丧失。在经济上，欧洲的经济潜力至少比战前减少百分之五十，即使是当时的战胜国英国，经济也受到巨大打击，货币全面崩溃，通货膨胀引起物价飞涨。物资匮乏、食品匮乏是普遍现象。战后的头一两年，燃料严重供应不足，欧洲人度过了几个严寒的冬天。贫困的百姓，食不果腹的情况屡屡皆是。战后初期，许多国家不得不实行生活必需品的配给制。总之，当时摆在欧洲人面前的首要问题是迅速恢复经济元气。②

两次世界大战的重创后使得原先高高在上、贵为"世界主人"的欧洲列强在短短半世纪的时间内发现自己风光不再，殖民地纷纷独立，国内政治、社会、经济危机四伏。战争给同盟国和轴心国之间留下了灾难性的痛苦记忆。可以说欧洲共同体建立的初衷就是统一欧洲，恢复经济，以联合统一的姿态阻止自身国际地位的进一步下滑。因此，建立战后超国家的欧洲共同体，实现国际合作成为当时欧洲的首要任务。

1947 年 4 月出台的马歇尔计划（the Marshall Plan），又称欧洲复兴合作方案（European Recovery Program，ERP），为西欧经济恢复提

---

① 李晓强：《欧洲一体化背景下的欧盟教育政策研究》，北京师范大学博士论文，2006 年。

② 陈乐民：《欧洲文明的进程》，北京：生活·读书·新知三联书店，2014 年，第 283 页。

供了重要支持，帮助西欧大部分国家暂时渡过了难关。此时，欧洲各国都意识到这样一个现实：在全新的国际形势下，单靠自身力量根本无法实现欧洲复兴。只有舍去狭隘的地方利益，结成政治或经济联盟，才能实现欧洲的复兴并保持和平。①

当时联邦德国（西德）的领导人阿登纳（Konrad Adenauer）曾说道："欧洲的联合是绝对迫切需要的。没有政治上的团结一致，欧洲各国人民只能沦为超级大国（美国、苏联）的附庸。"② 而时任英国首相丘吉尔也发表演说，呼吁建立"欧洲合众国"。③ 法国总统戴高乐更是欧洲统一的坚决拥护者，希望"在经济上成立一个西欧集团"。④

在众多欧洲统一的倡导者中，让·莫内（Jean Monnet）不像一些国家元首那样声名显赫，但却是在他的呼吁和奔走努力下，欧洲的政治一体化取得了实质性进展。在经过长期观察、深刻的思考和初步探索之后，莫内决定把解决欧洲的煤钢问题作为形成联盟的突破口。他编写并提交了一份名为《法国宣言》的建议书，提议将法、德两国的煤炭和钢铁资源置于一个超越国家的机构管理之下，实现两国煤、钢资源的共同开发和使用，并欢迎其他欧洲国家的加入。该建议书获得了当时法国外交部长舒曼（Robert Schuman）的支持，并在 1950 年 5 月 9 日被公布，被后人称为"舒曼计划"（Schuman Plan）。"舒曼计划"在西欧各国引起了热烈的反响。1951 年 4 月 18 日，法国、德国、比利时、意大利、荷兰、卢森堡六国在法国巴黎签订了为期五十年的《建立欧洲煤钢联营条约》（Treaty Establishing the European Coal and Steel Community），欧洲煤钢共同体于该年 7 月 25 日正式成立。到

---

① 李世安、刘丽云等：《欧洲一体化史》，石家庄：河北人民出版社，2003 年。
② 王宇博、卢新建编：《回望沧桑》，南京：江苏人民出版社，2000 年，第 34 页。
③ ［英］温斯顿·丘吉尔：《欧洲联合起来》，商务印书馆翻译组译，北京：商务印书馆，1977 年，第 62 页，第 149 页。
④ ［法］戴高乐：《战争回忆录：拯救》，北京：世界知识出版社，1981 年。

1954 年，这些国家的煤、铁、生钢、焦炭等的贸易壁垒几乎完全消除，"欧洲煤钢联营计划"得以实现。1957 年 3 月 25 日，上述六国又在罗马签订了《建立欧洲经济共同体条约》（Treaty Establishing the European Economic Community）和《建立欧洲原子能共同体条约》（Treaty Establishing the European Atomic Energy Community），这两个条约后来被统称为《罗马条约》（Treaty of Rome）。1958 年 1 月 1 日，《罗马条约》正式生效，欧洲经济共同体和欧洲原子能共同体在布鲁塞尔正式成立。随着联盟的成立，1950 年至 1960 年十年间西欧经济得到了高速发展。然而，经济实力的增强也使西欧各国在政治上出现了独立自主、联合自强的趋势。

1965 年 4 月 8 日，德国、法国、荷兰、意大利、比利时、卢森堡六国签订了《布鲁塞尔条约》（Merger Treaty，又称 the Brussels Treaty），决定将煤钢共同体、经济共同体和原子能共同体三个机构合并，统称为欧洲共同体，简称欧共体（European Communities，EC）。《布鲁塞尔条约》于 1967 年 7 月 1 日正式生效，旨在清除欧洲贸易壁垒，保证各国经济联系，通过共同贸易政策促进国际交流，同时为核子能源联营及分销建立共同市场，并允许将剩余核子能源出售至境外国家。欧洲一体化达到了一个前所未有的高度，这是欧盟机构建设的重大进展，欧洲联盟的雏形已经出现。①

二、欧盟同一认同的溯源

对于欧洲联盟的建立，有人说它是政治伟人的创造，有人说它是东西方冲突的反映，有人说它是事务逻辑的支配结果。② 但不可否认的是，在欧洲一体化走向实践之前，欧洲就已经有着丰富的理论积淀

---

① 任思源：《要了解欧洲就先读欧洲史》，北京：北京联合出版公司，2014 年，第 327 页。

② ［德］贝娅特·科勒-科赫等：《欧洲一体化与欧盟治理》，顾俊礼等译，中国社会科学出版社，2004 年，第 16–33 页。

和文化认同基础。

认同（identity）原本是一个哲学的研究范畴，在逻辑学三段论法中表示两个或多个元素间可以彼此替换而不改变其真值的一种关系。根据西语词源学，"认同"一词最初来自拉丁语 idem，意为"相同"（the same）。英语中常用"identity"一词来表示某些相同的、一致的事物，或者用其表示事物本身，所以也常译为"身份"。而认同的现代意义是由弗洛伊德（Sigmund Freud）最早提出的。弗洛伊德将认同定义为个人与他人、群体或被模仿者（物）在感情上、心理上趋同的过程，将其视为个体与另一个人、群体或被模仿者（物）建立情感联系的最初表现形式。① 换言之，认同是一个心理概念，是一种个人意义的代码，它将个人与最一般层面的社会意义相关联。② 同时，认同又是一个关系性概念，是在与"他者"的比较中产生的，是一个求同和存异同时发生的过程。威廉·康纳利（William E. Connolly）指出："认同需要差异……解决自我认同怀疑的办法，在于通过构建与自我对立的他者。"③ 斯图亚特·霍尔（Stuart Hall）也认为："认同需要通过差异去构建……只有借助于他者的关系，明确不是什么，缺少什么，才能建立起认同。"④ 从社会学角度看，认同指个体认知从属并忠诚于某一群体，同时也意味着与其他群体的边界意识相排斥。塞缪尔·亨廷顿（Samuel Huntington）说："认同是一个人或一个群体的自我认识，它产生于自我意识，即我或者我们有哪些特质使我或我们区

---

① 万明钢主编：《多元文化视野价值观与民族认同研究》，北京：民族出版社，2006 年，第 8 页。

② 吴立文：《欧盟治理与欧洲认同》，载《南京大学学报（哲学·人文科学·社会科学版）》2007 年第 2 期，第 77–78 页。

③ Connolly, William E. *Identity/Difference: Democratic Negotiations of Political Paradox*, Ithaca, NY: Cornell University Press, 1991, p. x.

④ Hall, Stuart. Who Needs Identity?, in Stuart Hall ed., *Questions of Cultural Identity*, London: Sage, 1996, p. 4.

别于你，或者使我们不同于他们。"①

认同的形成不仅要建构出"我们是谁"的集体意识，而且还要建构出我们与他人之间的不同所在。② 基于这个定义，让我们来看看是什么赋予了欧洲一些特别的特质使得欧洲不同于其他非欧洲地区，使得欧洲各国可以跳出"非我族类"的桎梏，对彼此产生认同感，愿意结成联盟，共同应对外部挑战。

（一）共同的历史文化渊源

无论欧洲人之间存在怎样的差异和偏见，他们始终以其共同拥有的历史而自豪。他们怀抱有着两千多年历史的文明与文化的摇篮，一直不乏滋养和动力。这是一种可以将整个欧洲联合起来的情感，构建了欧洲与世界其他地区之间的差异。

长期以来，欧洲的历史是由不断的战争和分裂写就的，但自中世纪以来，欧洲却在共同渊源中产生出一般的认同，这些共同渊源就是希腊理性、罗马法律和基督教文明的社会伦理思想。③ 欧洲文明的古典渊源和中世纪欧洲人宗教信仰的一致性，使欧洲各地的文化具有相当一致的特点。对于欧洲人，一提到希腊，就立刻会产生一种家园之感。④ 荷马史诗中的英雄人格和自由理念，柏拉图、亚里士多德著作中的政治学说和道德伦理，以及贯穿希腊文明的人文主义和理性主义精神，都被欧洲视为财富，影响至今。而罗马文明的贡献主要在政治和法律方面。世界上第一部成文法是罗马人制定的，罗马的自然法对

---

① ［美］塞缪尔·亨廷顿：《我们是谁：美国国家特性面临的挑战》，程克雄译，北京：新华出版社，2005 年，第 20 页。

② Katzenstein, Peter J. (ed.) *The Culture of National Security：Norms and Identity in World Politics*, NY：Cornell Universty Press, 1996：33.

③ ［瑞典］K·Å·莫戴尔：《当代欧洲的法律传统和文化》，聂秀时译，《外国法译评》1999 年第 1 期，第 34 页。

④ ［德］黑格尔：《哲学史讲演录》，贺麟、王太庆等译，上海：上海人民出版社，2013 年，第 15 页。

西方世界后来产生的国际法和战争法起到了巨大作用。但真正让欧洲人互有认同感的则是笼罩了欧洲中世纪上千年的基督教文明。基督教文明不仅在欧洲各民族间起到"黏合剂"的作用，更是对人们的思想意识、人生信念、生活态度产生了深远的影响，成为组成欧洲一体化理念的集体记忆的重要部分。[①]

莫兰（Edgar Morin）将欧洲的文化特性归纳总结为，犹太教、基督教、希腊文明、罗马文化这四种文化和谐地形成一个整体，共同构成欧洲文化的底蕴。[②] 这种底蕴使得欧洲人彼此接近，相互认同，尤其是以基督教文化为核心。欧洲历史文化的同源性和认同感如今已发展为欧洲的基督教文明、法治观念、人权观念、自由观念、平等观念、秩序观念、互助观念、竞争意识、容忍态度、协商精神等观念性文化，以及宪政、普选制、三权分立、代议民主制、内阁制、独立的法律制度和法律体系、自由贸易和市场机制等结构性文化。[③] 这些共有的文化价值观和宗教道德观念可以帮助欧盟将各国政府团结起来，超越国家政治实体的分隔，为欧洲观念的形成提供历史与文化基础，为欧洲从分散走向联合提供动力。

（二）共同的敌人和威胁

2005年美国学者亨廷顿在其著作《我们是谁：美国国家特性面临的挑战》中曾对认同有如下见解："为了建立关于'我们'的认同，就必须寻找对立面，即建构'敌人'，从对'敌人'的想象中寻

---

① 李长山、邢斯文：《浅析欧洲一体化进程中的文化因素》，载《国外理论动态》2011年第6期。

② ［法］埃德加·莫兰：《反思欧洲》，康征、齐小曼译，北京：生活·读书·新知三联书店，2005年，第30页。

③ 窦现金、卢海弘、马凯：《欧盟教育政策》，北京：高等教育出版社，2011年，第7页。

求我们自身的形象。"① 欧洲认同之所以会产生,除去源自古希腊文化和基督教文明的历史渊源外,非欧洲文化(即非基督教文明)渗入和频繁的战争是主要原因。

自中世纪以来,欧洲多次与欧洲以外的民族发生战争。十字军东征曾打到西亚,而阿拉伯国家也频繁入侵欧洲。这些与非欧洲民族的冲突和战争史加深了欧洲对非欧洲国家的界限感,并强化了欧洲国家间的共同认同。

与此同时,欧洲境内频繁的战争成为欧洲人民的梦魇,渴望和平、寻求联合之道成为欧洲民众的心声。早在 17 世纪,统一欧洲、实现永久和平就开始引起一些思想家的关注和讨论。

圣-皮埃尔(Abbe de Saint-Pierre)是欧洲中世纪以后最早较完整地提出欧洲联合思想的人,被奉为欧洲联合观念的精神鼻祖。他的欧洲观念是在战争与分裂中酝酿产生的。在他的《永久和平方案》(The Plan for Perpetual Peace)中,圣-皮埃尔对这种联盟的设想加以描述。他说欧洲人最伟大、最瑰丽的向往就是实现欧洲各民族间永恒和普遍的和平,建立一个恬静、友好、和平的兄弟社会,在这个理想社会中,大家恪守着相同的信条,生活在的永恒、和谐的气氛之中。而这种永久和平的实现,需要建立起一个欧洲的邦联,所有加入邦联的欧洲国家,无论大小强弱,都要服从该邦联政府的法律。圣-皮埃尔认为:"想要结成这种联盟,须要在各个民族间找到共同权益,或者通过风习、语言、贸易把他们联结在一起。"② 圣-皮埃尔的方案虽然是纸上谈兵,但却是最早的、具有国际法性质的联盟条约的设想。

在圣-皮埃尔之后,卢梭(Jean-Jacques Rousseau)和康德(Im-

---

① [美]塞缪尔·亨廷顿:《我们是谁:美国国家特性面临的挑战》,程克雄译,北京:新华出版社,2005 年,第 8 页。

② 陈乐民:《欧洲文明的进程》,北京:生活·读书·新知三联书店,2014 年,第 116 页。

manuel Kant）也都提出过建立欧洲国家联盟和统一欧洲的主张。卢梭比圣-皮埃尔多了一个"人民的意志"，认为人民同君主应该划分开，要打仗的是君主，只有人民享有主权，才会有和平。而康德提出的方案则是圣-皮埃尔和卢梭的综合，他认为欧洲各国都应该实行"共和体制"，在人民主权的基础上，各国联合为联邦，并且缔结"和平盟约"。[①] 第一次世界大战期间，欧洲的社会民主党人也曾提出过"建立欧洲共和国联邦"的口号，并在战后做了一些尝试。

欧洲在二战之后走向了一体化的联盟之路，但这条路的重要的共同基础之一却是因为欧洲有一个冲突、分裂和战争的过去。换言之，欧洲联合之所以能够启动并从经济联合迈向政治联合的动力仅仅是为了避免血与火的历史的重演和共同毁灭的悲剧。这是欧洲痛定思痛的文化自觉，也意味着这条路将充满风险。[②]

第二节　本时期欧盟及国际法律公约对文化教育的有限介入

一、欧盟基本公约

欧盟在发展初期是以恢复经济重建为主要任务，以经济一体化带动政治、文化、教育等领域的全面一体化为其长远目标。最初的欧盟领导集团以法、德、意为主，英国虽然没有在第一时间加入，但也一

---

① 陈乐民：《欧洲文明的进程》，北京：生活·读书·新知三联书店，2014年，第134页。

② ［法］埃德加·莫兰：《反思欧洲》，康征、齐小曼译，北京：生活·读书·新知三联书店，2005年，第8页。

直影响着欧盟政策的制定和实施。作为一个全部由资本主义国家构成的联合体,欧盟制定和实施政策的一个基本价值观念就是经济理性。这种经济理性影响和制约着欧盟的发展,也成为成员国与欧盟之间制定政策的认同基础。

欧洲共同体最初的法律基础来源于三个基础性条约:1951 年的《建立欧洲煤钢联营条约》(即《巴黎条约》);1957 年的《建立欧洲经济共同体条约》和《建立欧洲原子能共同体条约》(后两者又被称作《罗马条约》)。在三个基础性条约的序言中,我们可以读到"和平""团结""结束世代争斗""结束对立""清除分裂欧洲的壁垒""共同行动实现经济进步"。这些字眼无不表达了六个创始成员国的共同愿望,即"用经济合作融合各国利益,共同努力实现欧洲的繁荣与和平"。① 早期欧盟法规对教育领域少有提及。因为涉及各个成员国的国家主权,教育甚至一度在欧盟层面被视为禁忌和敏感议题。从佛罗伦萨欧洲大学研究所(European University Institute,EUI)历经十八年的协商和谈判(1955 年至 1972 年)才得以成立就可以看出早期欧盟在教育这一敏感领域是多么举步维艰。② 在以经济重建为首要发展目标的背景下,欧盟早期的法律条约仅对职业培训略有提及,对普通教育则没有任何规定。

(一)《建立欧洲煤钢联营条约》(1951,巴黎)

Treaty Establishing the European Coal and Steel Community (1951,Paris)

在《建立欧洲煤钢联营条约》中对职业教育的规定隐晦地表明共

---

① 欧共体官方出版局编:《欧洲联盟法典》(第一卷),苏明忠译,北京:国际文化出版公司,2005 年,第 6-44 页。

② European Commission. *The History of European Cooperation in Education and Training.* Luxembourg:Office for Official Publications of the European Communities,2006,p. 22.

同体需承担工人培训或教育方面的责任，重视用社会保障手段以实现受教育权平等。除了对共同体机构进行上述的要求之外，《条约》还规定"任何成员国都应为来自其他成员国的煤钢工人提供重新就业的便利"。① 从当时的社会现实情况来看，这里所谓的"便利"必然包括为煤钢工人提供学习他国语言的机会和为其提供与生产劳动相关的技能培训的机会。

表 2-1　《建立欧洲煤钢联营条约》中关于教育文化的条款

条款	内容
第一编第三条 第 5 款	共同体各机构应在各自职权范围内为着共同的利益，促进对工人生活及劳动条件的改善，并使工人在其所属企业中获得同等的进步。
第五十六条 第 1、2 款	共同体高级机构应根据相关政府的请求采取以下措施……为转业工人提供重新就业教育资金，给予无偿援助。
第六十九条 第 3 款	成员国都应为来自其他成员国的煤钢工人提供重新就业的便利。
第六十九条 第 4 款	各成员国禁止在本国工人和外来工人之间实行有关劳动报酬和工作条件方面的歧视政策，但针对客籍工人的特别措施除外。

除此之外，《建立欧洲煤钢联营条约》提出"各成员国禁止在本国工人和外来工人之间实行有关劳动报酬和工作条件方面的歧视政策"，这一条款间接表明了欧盟对于外来工人平等尊重的立场和态度。这一条款虽然没有明确涉及教育，但从中可以看出当时的欧共体强调的工人之间的平等待遇、一视同仁仅局限于各成员国本土工人，对于欧洲大陆上生活的相当数量的客籍劳工、少数民族等少数群体的权益并没有加以考虑。

---

① 欧共体官方出版局编：《欧洲联盟法典》（第一卷），苏明忠译，北京：国际文化出版公司，2005 年，第 44 页。

（二）《建立欧洲经济共同体条约》（1957，罗马）
Treaty Establishing the European Ecnomic Community
（1957，Rome）

表 2-2 《建立欧洲经济共同体条约》中关于教育文化的条款

条款	内容
第七条	禁止以国籍为理由的任何歧视。
第一百一十八条	在不影响本条约的其他规定的前提下以及按照本条约所规定的总目标，委员会的使命在于促进各成员国之间在社会领域密切合作，特别是在职业培训和深造方面密切合作。
第一百二十九条	理事会应根据委员会提案并在与经济社会委员会磋商后，制定关于实施职业培训共同政策的一般原则。

　　《建立欧洲经济共同体条约》"禁止以国籍为理由的任何歧视"[1]的规定保证了工人之间的流动，同时也体现了共同体成立的平等原则。第一百一十八条和一百二十八条似乎为共同体统一职业培训政策提供了基础，因为它赋予了欧共体理事会为制定职业训练统一政策建立基本原则的权利，但对于如何完成这一任务却并没有提及。在缺乏明确法律规定的基础上，欧共体委员会和欧共体理事会在职业培训方面能做的工作很少。[2]

　　后来在 1963 年 4 月 2 日通过的《欧共体理事会关于实施共同职业培训政策的基本原则的决议》中，欧共体首次对共同职业培训的总体目标、实施执行方式及欧洲经济共同体与各成员国的责任作出了原

---

　　① 欧共体官方出版局编：《欧洲联盟法典》（第一卷），苏明忠译，北京：国际文化出版公司，2005 年，第 122 页。

　　② European Commission. *The History of European Cooperation in Education and Training.* Luxembourg：Office for Official Publications of the European Communities，2006，p. 56.

则性要求，其中特别提出要加强职业教育和经济领域之间的紧密联系，在参与国家之间所有服务于培训目的的信息和记录的搜集、传递以及交换应透明进行，要尽可能实现共同职业教育的共同经费资助。①

尽管这些原则的初衷是为了在欧盟范围内加强各国工人的流动，但结果却是这些政策在执行上缓慢无力。② 但不论如何，《罗马条约》已经包含了未来欧盟参与教育、开展多元文化教育的种子。在《罗马条约》的规定下，"促进改善工作条件和生活水平"（第117条），"加强职业培训和深造方面的合作"（第118条），"不容许歧视"（第7条），倡导"文凭、证书及其他资格证据的互认"（第57条），这一切使得建立"欧洲人民之间更加紧密团结的联盟"（见条约的序言）成为一种可能。

二、国际法律公约

在目睹战争对人类的毁灭性破坏后，人们开始认识到和平的意义。而真正和平世界的实现是以对人权的尊重以及对主权国家的理解、团结和宽容为前提的。历史已经向我们证明，单单依靠签订军事停战条约和协议是无法彻底遏制人类的冲突从而实现持久和平的。二战后的欧洲政治学家和学者们认识到实现和平需要在制度上避免独裁，推行人人平等、公民参与的民主政治，动员基层社会团体和全体人民参与进来，而不仅仅局限于少数上层精英的政治运作。在这样的背景下，国际社会出台了一系列重要的人权公约以保障人权，促进平等。

---

① The Council of the European Economic Community. Council Decision of 2 April 1963 Laying down General Principles for Implementing a Common Vocational Training Policy, *Official Journal of the European Communities*, 63/266/EEC, 20/04/1963. http://www. legislation. gov. uk/eudn/1963/266/data. pdf. 2019−10−18.

② West, John. *The Evolution of European Union Policies on Vocational Education and Traing.* London:Center for Learning and Life Chances in Knowledge Economies and Societies(LLAKES), Institute of Education, University of London, 2012, p. 6.

（一）《世界人权宣言》

1948 年联合国大会通过的《世界人权宣言》（the Universal Declaration of Human Rights）是第一个对人类天生具有的权力的全球表达，也将积极的人文主义带入了政治领域。《宣言》第一条指出，每个人生来享有自由、平等的权利，尊严和基本权利生而具有，不可剥夺。第二条则指出，每个人都不应因种族、民族、宗教、语言上的不同而在基本权利和自由上有所差别。除了无歧视原则外，《世界人权宣言》还在第二十六条进一步指出，人人拥有受教育权。具体表现在：在教育层级上，应保证所有人享有从初等教育到高等教育的平等教育机会，初等教育应是义务、免费的；在教育优先权方面，父母对子女的教育具有优先选择权，但仅限于教育种类的选择上；在教育目的方面，教育在要发展人的个性和潜力的同时，也要促进不同国家、不同种族、不同民族、不同宗教间的了解和接触，以培养宽容意识，达到维护世界和平的目的。

（二）《欧洲人权公约》

经历了战争的浩劫，欧洲也开始了全面理性的思考。为了维护欧洲文化遗产，为了人类和平，西欧 10 个国家（法国、英国、荷兰、比利时、卢森堡、意大利、德国、希腊、葡萄牙和西班牙）于 1949 年成立了欧洲委员会（Council of Europe）并在次年 11 月签署了《保护人权和基本自由欧洲公约》又称《欧洲人权公约》（the European Convention on Human Rights），该公约于 1953 年 7 月 3 日正式生效。这是第一个区域性国际人权条约，对人的生存权、自由和人身安全权等基本人权做出了规定。[①] 欧盟早期所有成员国都是《欧洲人权公

① 王晓丽：《欧盟对第三国国民的权利保护》，中国社会科学院研究生院博士论文，2014 年，第 14 页。

约》的缔约国，承担公约项下基本权利保护的国际义务。1952年，欧洲委员会部长会议在巴黎拟定了《欧洲人权公约第一议定书》（Protocol No. 1 to the European Convention for the Protection of Human Rights and Fundamental Freedoms），其中第二条针对受教育权问题做了补充，明确规定任何人的受教育权利都不得被否定，还指出国家在履行教育和教学职责时，应尊重父母根据其宗教和哲学信念为子女提供相应教育和教学的权利。

（三）《欧洲文化公约》

1954年，欧洲委员会通过了《欧洲文化公约》（European Cultural Convention），在公约中阐明了学习其他国家语言、历史、文明，共享欧洲共同文化遗产的重要性。这一公约从本质上强调了欧洲的核心文化价值，对欧洲共同的文化政策和资源进行了梳理，试图在欧洲范围内构建一个实质性的"欧洲文化空间"。公约提出三大目标，分别是：发展欧洲公民对共同文化遗产的认同；为促进互相了解而进行人员流动和相互交流；开展欧洲范围内的文化合作。[1]

在这里需要指出的是，欧洲委员会和欧盟一直有着密切的联系。在教育领域，欧洲委员会从成立早期就致力于研究和反思工作，对后来欧盟推进欧洲教育领域的互相理解，以及在共同体层面开展合作起到了极大的促进作用。作为二战后欧洲首个政府间合作组织，欧洲委员会被称为欧洲运动政治臂膊。[2] 在欧共体早期尚未制定统一的教育政策框架期间（从1951年至1970年），欧洲委员会在欧洲国家的文化和教育领域合作方面起到主导作用。[3]

---

[1] 肖丹：《欧洲跨文化学习研究》，西南大学博士论文，2015年，第84页。

[2] Barblan, Anris. Academic Co-operation and Mobility in Europe：How It Was, How It Should Be, *Higher Education in Europe*, 2002, 27(1-2), p. 34.

[3] European Commission. *The Histroy of European Cooperation in Education and Training*. Luxembourg：Official Publications of the European Communities, 2006, p. 21.

欧洲委员会自 1949 年成立以来至今已由开始的 10 个成员国扩大到整个欧洲范围，共有 47 个成员国，其宗旨是保护欧洲人权、议会民主和权利的优先性、促进实现欧洲文化的统一。但是由于缺乏更强有力的手段领导欧洲走向联合，因此欧洲委员会被称为"思想实验室"，[①] 与欧盟相比，对于欧洲一体化的实现缺乏实效性措施。

为了使本研究更具聚焦性，除了一些与欧盟多元文化教育政策相关的部分外，欧洲委员会出台的其他文化教育政策法规将不在本研究的范围之内，因此不会逐一提及。

三、欧盟早期语言政策

语言与身份紧密相连，人们通过语言来定义和描述自身的存在，确立什么是自我的，哪些是异己的，因此语言政策密切影响着民众对一体化进程的认可程度，是欧盟认同构建的强大贡献者。[②]

欧共体最初成立的原因就是为了在两次世界大战后统一四分五裂的欧洲，提高冲突管理战略，形成超国家欧洲实体。在语言的问题上，欧盟采取了鼓励多语言主义的语言政策。

最初的有关语言政策的规定出现在《欧洲经济共体成立条约》最后一条，即第 248 条，"本条约有正本一份，分别用德文、法文、意大利文和荷兰文等 4 种文字制定，具有同等效力。"[③] 1958 年 4 月 15 日的欧洲经济共同体首脑会议指出："欧盟是一个民主机构，因此它

---

① European Commission. *The History of European Cooperation in Educaiton and Training*. Luxembourg：Office for Official Publications of the European Communities, 2006, p. 45.

② Mamadouh, Virginie. Dealing with Multilingualism in the European Union：Cultural Theory Rationalities and Language Policies. *Journal of Comparative Policy Analysis*, 2002(4), pp. 327-345.

③ 欧共体官方出版局编：《欧洲联盟法典》(第一卷)，苏明忠译，北京：国际文化出版公司，2005 年，第 218 页。

必须使用民众的语言与其交流……民众有权知道欧盟以他们的名义正在做些什么，民众无须克服语言障碍便可积极参与其中。"① 随后颁布的《欧共体 1 号条例》（Regulation No. 1 Determining the Language to be Used by the European Economic Community），针对欧盟语言问题正式、明确订立了法规，其中第一条明确指出："所有成员国的语言都是欧盟官方语言和工作语言，所有成员国的语言都是平等的。"②

《欧共体 1 号条例》正式确立了欧盟语言平等和多样性的基本原则，语言多元化政策开始正式实施。经过多次修改，确定英语、法语、德语、西班牙语、意大利语、荷兰语、葡萄牙语、丹麦语、芬兰语、希腊语和瑞典语等 11 种语言为欧共体工作语及官方语，大大促进了欧洲的融合、发展，提升了欧盟在国际社会的竞争力。20 世纪六七十年代欧盟法院在有关案件的审理过程中也再一次指出，欧共体条例及其他具有一般约束力的欧共体文件必须使用欧共体官方语言起草，在《欧共体官方公报》上以 11 种语言发表，这些不同译本在法律上具有同等的效力。③

为进一步贯彻执行欧盟的多语言机制，第一任欧盟委员会主席哈尔施泰因（Walter Hallstein）建议增设欧盟翻译局来解决欧盟内部的语言沟通障碍。随着欧盟的扩大，翻译局的规模也不断扩大。1973 年欧盟翻译局扩大为翻译署，1981 年更名为欧盟联合翻译及会议服务部，下分口译总司和笔译总司，为欧盟理事会以及其他欧盟部门和机构提供翻译服务。

---

① Williams, Colin H. Language Policy Issues within the European Union: Applied Geographic Perspectives. *Dela*, 2002.

② Regulation No. 1 Determining the Language to be Used by the European Economic Community. http://eur - lex. europa. eu/LexUriServ. do? uri = CONSLEG: 1958R0001:20070101:EN:PDF.

③ 周晓梅：《欧盟语言政策评析》，载《云南财经大学学报（社会科学版）》2012 年第 5 期，第 142 页。

总之，欧共体成立的初衷是寻求政治上的稳定与经济上的繁荣，但语言和文化的主动权依然掌控在各成员国手中。在推动经济一体化的进程中，为了避免语言问题成为建立共同市场的阻碍，欧盟确立了以沟通为目的的语言机制。为了维护语言平等性原则，《欧共体1号条例》没有对官方语言和工作语言的界限做出明确的规定，因为一旦限定了工作语言的数量，被选定为工作语言的语言地位势必会得到提升。①

欧盟的多元语言机制建立在平等交流的基础之上，在一定程度上保证了欧洲一体化的平稳发展，增加了欧盟的民主性和透明度，提高了民众对一体化进程的认可度。对欧盟的普通民众来说，欧盟不仅是多语的，还会讲他们的母语。因此这样的一种语言处理机制更容易使欧盟公民将自身与欧盟一体化进程联系并等同起来。②

第三节　基于同化或补偿动机的外来移民教育

如前所述，早期欧盟关注的只是欧盟成员国之间的平等，对于欧洲境内的外来劳工和少数民族等群体的利益并没有多加考虑，甚至在某些公约条款中明确标注客籍劳工除外。移民问题、客籍劳工问题被视为各成员国的内部事务，欧盟并未对此进行干预。因此，本阶段欧盟的多元文化教育政策主要体现在各成员国针对外来移民的教育理念及举措上。

二战结束不久，以英国、法国、德国为代表的欧洲国家以经济理

---

① 王小海：《欧盟语言多元化现状、问题与对策》，载《广东外语外贸大学学报》2007年第3期，第44页。

② Bretton, H. Political Science, Language, and Politics In W. O' Barr (Ed.) Language and Politics. Berlin, Boston: De Gruyter Mouton, 1976, pp. 431-448.

性为主导思想，千方百计发展本国经济。为了补充战后经济重建所需的大量劳动力，20 世纪五六十年代，欧洲开始大量招聘和引进外籍劳工。例如，法国、英国从其在北非和东南亚的前殖民地引进了大量劳工以填补某些工种短缺；此外，英国还从加勒比海地区（主要来自牙买加）大量招收工人以应对某些特定产业的劳工短缺。这些外来的劳动力主要从事建筑业和制造业的体力劳动。在欧洲发展需要他们之时，他们没有受到不良待遇。当时欧洲社会视这些外来工人为暂时的打工者，认为他们将来还会返回其原籍国。

统计数据显示，从 1950 年到 1970 年，欧洲移民人数从 400 万激增至 1100 万，欧洲一跃成为世界吸纳移民最多的大陆。由于外来移民和本土居民在语言、文化、宗教等方面存在差异，移民人口的增加使西欧社会面临着严重的种族冲突和社会矛盾，种族关系趋于紧张。在这一时期，英国多地就曾出现激烈的种族冲突，如 1958 年发生的诺丁山骚乱和诺丁汉骚乱。一些外来移民还在西欧国家形成了相对孤立的社区，如法国巴黎、马赛等中心城市周边形成的阿拉伯裔和非洲裔移民社区，联邦德国境内的土耳其裔移民社区，荷兰境内的苏里南裔移民社区，造成了一定程度的社会分裂。这些来自不同文化背景的移民与欧洲本地公民一起形成了一种新的社会形式。随着移民大量涌入欧洲，外来劳工及其子女的教育问题开始引起人们的关注。

一、法国

在法国这样一个大国中，主体民族文化群体是法兰西人，其形成已有上千年的历史。除了法兰西人，法国也有本土的少数民族，如斯巴克人等。随着海外殖民地移民的回归以及别国移民的到来，法国社会日益多元化。早在 1933 年，在法国学校上学的 6—13 岁的移民劳动者的子女就已达 30 万人以上。然而，当时政府并未对这些儿童提供任何特别的支持。二战之后，为了满足经济重建和振兴时期对于劳动力的巨大需求，法国通过双边移民协议的形式招募大量以男性为主的外籍劳工。早期法国外来务工者多来自波兰、意大利、西班牙、希腊，由于这些外来务工人员与法国人在文化、历史和宗教传统上十分相近，因此将移民劳动者的子女同化于法国的学校制度和法国社会被认为是理所当然的。[①]

具体来讲，这种同化主要体现在"入门班"（CLIN, Classe d'Initiation）政策上。[②]"入门班"政策针对小学和初中阶段的移民劳工子女。该项政策规定：6—13 岁的移民劳工子女要接受"补习课程"，12—16 岁的移民儿童需接受"适应班"教育，内容都是以教授法语语言知识为主。入学方面，往往要求移民儿童进入低于自身年龄的班级；教育过程中漠视或无视语言、文化以及就学年龄等方面的差异，强制推行"言语的转换、抽象概念的灌输、法兰西文字文化的崇拜……"这一做法在法国中小学校持续了近半个世纪。

深受共和主义的影响的法国一直都以一种共和主义的同化模式对待外来劳工。共和思想植根于 1789 年的法国大革命，主张权利平等，倡导"同一片领土、同一个民族、同一种语言"，同化和统一是对移民劳动子女进行教育的第一目的。在这种模式下，学校制度所具有的传统社会的再生产理论被顽固地贯彻下去，而学校作为使社会性差别正当化的装置在不间断地运转，移民群体和本地公民在社会经济地位上差距显著。虽然法国在 1958 年设立了外籍劳工与亲属社会行动基金（FAS, Fonds d'Action Sociale pour les Travailleurs Immigrés et leurs Familles），帮助移民在住房、教育和就业方面融入当地社会，但人们始终认为融入社会的关键在于教育，应当通过学习者个体来融入社会。这种所谓的权利自由并不利于少数群体的发展和融入。整体来看，法国教育管理体制以中央集权为基本模式，虽然在历史上经过多

---

① 滕星主编：《多元文化教育——全球多元文化社会的政策与实践》，北京：民族出版社，2010 年，第 190 页。

② 姜峰、肖聪：《法国移民子女教育政策述评》，载《外语教育研究》2011 年第 5 期，第 22 页。

次改革，中央始终大权在握。

二、德国

德国位于中欧，其民族构成主要是德意志民族，即日耳曼人。德国在很长时间里一直自视为单一民族的国家，除了为数不多的索布人、丹麦人和犹太人，绝大多数人口是德意志人构成的。① 德国战后移民群体有四类：难民、重新安置者、外来劳工、政治避难寻求者。难民和重新安置者是德国原籍，外来劳工和政治避难寻求者为外国人，大部分来自土耳其、南斯拉夫、意大利。难民是二战期间产生的，当时从德国境内驱逐了 1200 万难民至捷克、波兰、俄国。重新安置者主要是来自苏联东部境内、罗马尼亚和波兰，他们的祖先曾经在几百年前从东欧和亚洲内陆地区来到人口稀少的地区。在 1945 年到 1950 年，难民和重新安置者人口约达到 830 万人。他们对战后经济恢复作出了巨大贡献。

早在 1955 年，德国与意大利签署了劳工招募协议，开始大规模吸引外籍劳工来德国帮助重建经济。随后，德国又与葡萄牙、西班牙、土耳其、希腊、南斯拉夫、突尼斯和摩洛哥等国通过劳工协议，大量输入劳务。② 到了 20 世纪 60 年代后期，德国境内外国儿童的人数急剧增加，德国教育部门开始关注德国学校中外籍劳工子女的教育问题，并于 1964 年提出给予这些儿童"额外"的德语教育或为其提供"预备班教育"的建议。这一建议鼓励儿童学好母语，为他们将来返回自己的原籍国做好准备。这一时期德国对移民群体的教育主要基于同化模式，外籍劳工子女被视为需要特殊教育的群体。当学生因为

---

① 滕星主编：《多元文化教育——全球多元文化社会的政策与实践》，北京：民族出版社，2010 年，第 211 页。

② Faas D. From Foreigner Pedagogy to Intercultural Education: An Analysis of the German Responses to Diversity and Its Impact on Schools and Students. *European Educaional Research Journal*, 2008, 7(1).

语言问题无法学习学校课程时，学校会专门安排持学习者母语的老师来为其缩小学业差距。[①]

德国一直具有重视德意志民族血统的强大传统，向来比较排斥非德意志血统的外来移民。战后德国在移民教育中比较尊重、保护外来少数族裔移民的语言、文化与宗教，这一方面是对当时国际社会的人权保护潮流的积极响应，另一方面也反映出德国对移民子女的未来安置打算。但移民子女并没有被看作是长期居民，仅仅被看作是德国土地上的外来客，有朝一日，还需返回母国。

正因如此，德国联邦政府一方面尽可能多地为这些客籍劳工重返原籍国的再适应提供帮助，另一方面对想要加入德国国籍的移民则实行严格控制。在 2000 年之前，仅根据血统而不是出生国来授予德国国籍，即使是在德国出生的第二代和第三代移民也没有机会入籍。移民虽然获得了一定的社会和公民权利，但却无法参加主流政治和社会事务。[②] 有些移民群体生活在隔离的社区中，与德国主流社会隔绝。

三、英国

英国是较晚加入欧盟的国家，又是至今唯一一个脱欧的成员国国家。纵然如此，在欧盟六十多年的发展进程中，英国发挥着极其重要的影响作用，在多元文化教育方面，更是欧洲的领跑者。

英国的国家理念形成于多种族之上，因为英国本身就是英格兰、苏格兰等多个民族融入的结果。英国是在二战以后才发展成为移民国家，移民主要来自前英属殖民地国家。面对移民潮，最初英国政府并没有给予太多关注。他们想当然地认为这些外来移民人口会逐渐被同化，移民文化与英国主流文化之间的差异会消失。在政府官员们的想

---

① 伍慧萍、郑朗：《欧洲各国移民融入政策之比较》，载《上海商学院学报》2011 年第 1 期。

② 张亮：《欧洲多元文化主义的危机及其理论启示：从中国的视角看》，载《探索与争鸣》2017 年第 12 期，第 140—146 页。

象中，外来移民们理所当然地会逐渐将英语作为常用语言，穿着打扮与白人一样，以一种"英国方式"生活，他们自己的文化大可"藏在家里"。① 但随着移民人口的不断激增，英国政府不得不分别在 1962 年、1965 年两次采取了限制性移民控制的规定。②

与此同时，英国在教育政策方面也开始关注移民群体，《移民的英语教育》（English for Immigrants）、《移民教育》（The Education of Immigrants）等移民教育政策在 20 世纪 60 年代陆续出台。这些政策以同化为主，力求使文化差异减少到最小，保持新移民与东道国社会的同质性。1964 年的《英联邦移民咨询委员会第二报告》（The Second Report of the Commonwealth Immigration Advisory Council）明确指出："国家教育体系的目标应当在于将移民培养成为能够取得像其他公民一样成就的、能够正正当当地行使权利和履行义务的有社会地位的公民……而不是致力于移民群体不同的价值观念永存。"③ 1965 年颁布了《政府传阅文件》（Circular 7/65 The Education of Immigrants），确定教育的作用为"对移民儿童成功地同化"，同时强调，为了能完全接受正规学校的课程，移民儿童应尽快有成效地学好英语。为了执行这一政策，英国一些地方教育机构建立了特别语言教学中心，教育对象为从附近学校吸收来的母语为非英语的儿童。在许多有大量移民学生的学校里，也建立了特殊班级（小组）；开设以英语为第二教学语言的教师在职训练课程；在几个主要市区设立巡回教师团，为那些不会英语且人数不够组成特殊班级的儿童进行语言教学。④

针对劳工移民，英国采取的做法主要是先打散和弱化移民群体的族

---

① 韦平：《多元文化主义在英国的成与"败"》，载《世界民族》2016 年第 3 期。

② 伍慧萍、郑朗：《欧洲各国移民融入政策之比较》，载《上海商学院学报》2011 年第 1 期，第 38-43 页。

③ 谢宁：《面向 21 世纪的基础教育和民族教育》，北京：气象出版社，1992 年，第 293 页。

④ 滕星主编：《多元文化教育——全球多元文化社会的政策与实践》，北京：民族出版社，2010 年，第 165 页。

裔整体性，然后再分别同化。这一政策在教育方面表现得尤为明显。为了确保某个少数移民群体内部联系不会太紧密，政府将移民家庭的学龄儿童分散到不同学区的学校接受教育。这样做的初衷是不让任何一所学校因为移民的聚居而被该移民族群主导。这种将学龄儿童分散教育的方式目的在于让移民后代在学校教育中逐渐接受英国的主流价值观、思想观和生活方式，取代其原有文化。这一时期的英国学校教育中，非洲裔和加勒比裔的孩子被贴上了"学习低能者"的标签，被送到特殊学校和班级加以"隔离"。由于学习英语分散了他们的精力，而且英语水平偏低也影响了他们对其他课程的接受程度，因此导致移民儿童的学习成绩不如白人儿童理想，进而固化了主体民族对他们的歧视。①

20 世纪 60 年代后期，英国政府开始对同化主义教育政策做出调整。以工党内政大臣罗伊·詹金斯（Roy Jenkins）为代表的融合教育观点逐渐受到人们的认可，对英国后来的教育政策影响很大，被称为"詹金斯准则"（Jenkins formula）。② 1966 年，詹金斯在一次讲话中说："我认为融合不应是简单的吸收同化，而是在相互包容的社会氛围中，多种文化共同存在、机会平等，这才是目标。"他领导的内政部重新定义了移民族群与主体民族融合的新形式。融合教育"不是平行同化的过程，而是给予个体平等的机会，在相互宽容的氛围下实现文化多样性的保护"。③ 他认为英国不需要搞"大熔炉"模式，教育并不是将所有移民放在同一个模具中塑造成刻板化的英国人的副本，而是要让人们在尊重文化差异、彼此容忍的环境中获得平等的机会。④

70 年代初，融合的观点终于被决策者们所接受。1971 年的政府

---

① 韦平:《多元文化主义在英国的成与"败"》,载《世界民族》2016 年第 3 期。

② 滕星主编:《多元文化教育——全球多元文化社会的政策与实践》,北京:民族出版社,2010 年,第 168 页。

③ Jenkins,Roy. *Essays and Speeches*,London:Collins,1967,p. 267.

④ Grillo,Ralph. An Excess of Alterity? Debating Difference in a Multicultural Society,in Steven Vertovec. (ed.)*Anthropology of Migration and Multiculturalism:New Directions*,New York:Routledge,2010,p. 23.

报告进一步明确指出了教育政策的转变趋向："学校中移民学生的到达，极大地丰富了其他孩子们的生活，他们引进的新的音乐、戏剧、舞蹈以及形象的艺术形式，给许多学生的生活和工作带来了新鲜的特色和勃勃生机。"报告还指出："教育服务机构要帮助促进接受移民儿童作为我们社会平等的成员，同时也允许不同的态度、信仰、风俗、语言和文化共存……这些最终能够使我们的文化和社会传统丰富起来。"①

值得一提的是，与同化主义相比，英国的融合教育也只是程度上的不同，并非类型的不同，最终还是以将少数民族吸纳进主流社会为目的。

第四节　本时期欧盟多元文化教育政策的缺失

笔者认为，欧盟多元文化的事实维度应涵盖两方面：一方面是来自欧盟各个成员国的文化多元；另一方面则是欧盟范围内少数群体（包括少数族群和移民群体）的多元。对待这两者既需要加以区别，又需要认识到他们之间的联系。

大量移民的母国文化使本身就具有较大文化差异性的欧洲文化更加复杂多元。这一阶段联盟刚刚建立，一切都以发展、恢复经济为首，具体的教育政策在欧盟政策条约中尚未明确，多元文化价值观念在政策法规当中更是鲜有出现。

从这一时期欧盟成员国的移民教育政策来看，表现出欧洲主流文化在与其他文化交往时的固有优越感。他们对外来移民子女的教育政

---

① 谢宁：《面向21世纪的基础教育和民族教育》，北京：气象出版社，1992年，第293页。

策主要采取两种方式：一种是同化政策，即直接无视外来的少数族裔子女的文化身份、文化特点，强制他们接受主流社会的文化观和价值观；另一种方式就是融合政策，即帮助少数族裔子女融入主流社会，同时允许部分保留他们自己的文化身份。这两种方式都视移民为有障碍的人，认为他们需要被启蒙和教化，体现出了严重的以欧洲为中心的文化优越感。

然而，从欧盟整体的语言政策和其他条约中可以看出，欧盟高度重视成员国之间的文化平等，尊重不同成员国的文化多样性。但对于其内部少数群体特别是外来移民群体，各国只是试图保障这些群体对国家教育设施的基本使用权利，却缺乏进一步的文化上的融合举措。该时期整个欧洲社会尚未开始关注少数群体、少数族群的文化权益，大多采取简单无视或同化手段，以求保持移民群体与东道国社会的同质性。

本时期多元与一体的关系：从整个欧共体来看，尽管在经济合作方面已经有所进展，但一体化进程尚未完全形成，成员国之间缺乏其他方面的互动。欧盟多元语言政策体现出欧盟对各个成员国文化的尊重和平等对待，但这一平等并不惠及所有移民群体。尽管如此，欧洲的多元文化框架已经初步形成。该时期国际社会连续发布《世界人权宣言》《欧洲人权宣言》，大力宣传人权平等思想，这些都为此后欧盟多元文化教育的开展奠定了基础。

第三章　多元一体的并行：
欧盟多元文化教育的发展期
（20 世纪 70 年代至 2000 年）

　　欧盟建立之初，就被称为"世界文明的一大进步"，因为这个政体结束了欧洲上千年的战争历史，提供了一种崭新的解决问题的方式。欧洲诸国相爱相杀几百年，可如今，野蛮的时代过去了，战争的时代过去了，坐在同一张谈判桌上商谈各国利益的时代来临了。从历史的角度来看，成立欧盟是一次巨大的进步，欧盟本身就是人类探索文明、合作、进步的一颗最璀璨的明珠。这个联盟的初衷就是没有战争，共同发展，重现欧洲文明的辉煌。

　　经过了早期艰难的战后恢复，到了 20 世纪 70 年代，冷战结束，世界两极政治的格局基本瓦解，国际文化交流日益增多，科技革命进入高潮。迈向"黄金年代"的欧洲资本主义开始了以电子技术为核心的第三次科技革命。这一时期国际经济和社会政治相对稳定，个人经济收入和人民生活水平都得到整体性的提高。随着科技革命进入高潮，教育及其他社会领域也得到快速发展。知识量激增，伴随人口增长和寿命延长等因素，世界各国大范围的流动人口问题开始逐渐引起人们的重视。

第一节　社会历史背景：构建欧洲维度

欧盟在 2012 年喜获诺贝尔和平奖。当时有媒体赞扬欧盟是当今世界最大的和平项目，称欧盟建立了世界最大的单一市场，实现了商品、服务、资本和人员的自由流动，创下了前无古人的巨大成就。诚然，欧盟的确为欧洲和平、和解、民主和人权等方面的进步作出了卓越贡献。此次授奖正是对欧盟历史功绩的追认，褒奖"欧盟及其先驱者过去 60 年在推进欧洲和平与和解以及民主、人权方面所做出的不懈努力"。[①] 欧洲联盟或一体化作为一种理想存在于欧洲人的意识中已经有好几百年了，历史上圣-皮埃尔、卢梭、康德、班达、雅斯贝斯、莫兰等欧洲思想家都对这一理想进行过热烈讨论。[②] 因此，欧盟联结的过程是不啻一个梦想成真的过程，一个欧洲一体化理想不断转化为现实的过程，一个克服种种艰难险阻，将一体化不断推进深入的过程。

一、欧盟一体化的曲折推进

《罗马条约》（即《建立欧洲经济共同体条约》和《建立欧洲原子能共同体条约》）的正式生效标志着欧洲一体化在 20 世纪 50 年代末取得重大进展。然而，在《罗马条约》签署后的近十年间，由于法国的单边主义和英国入盟的反复多变，一体化进程曾一度陷入严重危机。1970 年 10 月，《卢森堡报告》（Luxembourg Report，又作《达维

---

① 俞可:《教育裂痕撕伤欧洲》,载《中国教育报》2012 年 12 月 28 日。
② 马珂:《后民族主义的认同建构及其启示——争论中的哈贝马斯国际政治理念》,上海:上海人民出版社,2010 年。

格农报告》（Davignon Report）的出台使得成员国终于达成新的共识：
在外交政策上实行政府间合作。至此，欧洲一体化进入一个双元体
系：一方面依托欧共体推进经济一体化；另一方面则基于政府间政治
合作，尊重成员国主权，形成在未来国际事务上协同一致的立场和行
动。① 1973 年，英国、丹麦、爱尔兰三国正式加入欧盟，欧盟迎来了
历史上的第一次扩大。此后，欧盟成立了关税同盟，制定了共同农业
政策，创建了欧洲货币体系，设立了统一的欧洲货币单位——埃居
（European Currency Unit，ECU）和汇率机制。这一系列的成果都为一
体化进程的深入奠定了基础。②

　　然而，1973 年中东战争带来的石油危机在世界范围内引发了经济
危机，西欧多个国家陷入滞胀的恶劣经济环境之中。经济危机导致欧
盟成员国的自我保护主义倾向增强，各成员国纷纷采取地方保护措
施，原来的共同市场被打破，一体化进程因而出现了停滞的局面。③
面对严峻形势，当时上任不久的欧共体委员会主席雅克·德洛尔
（Jacques Delors）向欧洲议会提出了建立统一市场的计划。1985 年 12
月 3 日，九个成员国在卢森堡签订了《单一欧洲法令》（Single Europe
Act，SEA），该法令于 1987 年 7 月 1 日正式生效。欧洲单一市场的构
想终于付诸实践，欧盟一体化进程重新启动。

　　二战后，东欧各国在苏联援助下建立了社会主义国家，但这些国
家并未获得真正的自主权，其发展完全依赖苏联，成为苏美冷战的牺
牲品。20 世纪 80 年代末至 90 年代初，东欧各国的改革失败导致社会
主义政权相继垮台。1989 年柏林墙倒塌，1991 年苏联解体，东欧剧

---

① 王皓昱：《欧洲合众国——欧洲政治统合理想实践》，台北：扬智出版社，
1997 年。

② 冉源懋：《从隐性生存走向软性治理——欧盟教育政策历史变迁及发展趋
势研究》，西南大学博士论文，2013 年，第 53 页。

③ 张维克：《漫漫征程五十年，史无前例创奇迹——欧洲一体化发展历程评
析》，载《世界经济与政治论坛》2002 年第 1 期。

变。许多中欧和东欧公民开始寻求机会去西欧和南欧获得更好的生活机会和工作。在这样的背景下，欧共体内部出现了加快一体化的呼声。1990 年 12 月，在罗马召开的会议上，各成员国达成共识，一致同意在统一市场基础上进一步推进经济、货币和政治联盟。1991 年 12 月 9 日至 10 日，欧共体各国首脑在荷兰的马斯特里赫特签署了《欧洲联盟条约》（Treaty on European Union），又称《马斯特里赫特条约》（the Maastricht Treaty）。从此，欧洲一体化进入了一个崭新的发展阶段，欧洲各国打破了地域界限，欧洲成为世界最大的市场。经济一体化使得欧洲国家在经济上形成一个互相依赖的区域，减少了贸易障碍和国家间的经济冲突。这一进程在欧洲民众中获得了一定程度的认同，为其在政治上建立欧洲认同创造了有利条件。[①]《欧洲联盟条约》于 1993 年 11 月 1 日正式生效，欧共体的名称也随之改为欧洲联盟（the European Union）。[②]

随着东欧和南欧国家成员数量的不断增加，欧盟得以理直气壮地向世界宣称自己是具有广泛欧洲意义的、名副其实的"欧洲共同体"。如何加强共同体成员的欧洲认同意识，成为这一时期欧洲一体化发展的重心。

二、欧洲认同的强烈诉求

法国学者埃德加·莫兰（Edgar Morin）曾经如此形容：欧洲是这样一个地理概念，它从来没有一个头、一个大脑或者一个中心。它由成千上万个大脑和许许多多个中心构成。近代欧洲更像是一个由地区、省区和国家等大大小小的文化个体组成的集合体，一直处于生态

---

① 田德文:《论社会层面上的欧洲认同建构》,载《欧洲研究》2008 年第 1 期,第 51-66 页。

② Faas, Daniel, et al. Intercultural Education in Europe: Policies, Practices and Trends. *British Educational Research Journal*, 2013, p. 301.

组织的无政府状态里。①

20 世纪 70 年代，面对经济危机和欧盟扩大带来的挑战，欧洲民众越来越关注一体化的未来和欧洲社会凝聚力的增强。哈贝马斯（Jürgen Habermas）认为，在欧盟政治经济逐步向一体化深入的过程中，需要一种大大超越经济范畴的文化凝聚力。② 这种文化凝聚力可以是欧洲文化、欧洲文明、欧洲历史、欧洲观念，是所有欧洲人都认同的利益观、价值观，是所有欧洲人都珍视的文化遗产，是根植于欧洲古典文明的温床，经过中世纪基督教文明普世主义的熏陶，成为欧洲人民集体记忆的重要部分，是符号、神话、传统和价值，是欧洲文化的共同底蕴。

纵观历史，欧洲是不缺乏这样的一种欧洲观念的。欧洲观念的形成源于三个主要因素。首先，希腊—罗马文明和犹太教—基督教文明为欧洲文化奠定了基础，塑造了其宗教和哲学认同。其次，基督教文明与伊斯兰教文明之间长期的对立，以及伊斯兰教对基督教的持续威胁，深刻影响了欧洲的历史进程，增强了其内部的团结感。最后，频繁的战争，包括外部文明的侵略以及内部的长期冲突，不仅塑造了欧洲的地缘政治格局，也促进了欧洲观念的形成。正是欧洲这些统一与分裂交织的历史经历，使得不同国家的欧洲人逐渐相互接近和认可，从而形成了独特而复杂的欧洲认同。

1973 年哥本哈根欧洲理事会峰会上签署了《欧洲认同宣言》（Copenhagen Declaration on the European Identity，又称《哥本哈根宣言》）。《宣言》指出，维护"各民族文化的丰富多元"至关重要，同时强调对

① ［法］埃德加·莫兰：《反思欧洲》，康征、齐小曼译，北京：生活·读书·新知三联书店，2005 年，第 29 页。

② ［德］哈贝马斯：《欧洲是否需要一部宪法》，载曹卫东编，《欧洲为何需要一部宪法》，中国人民大学出版社，2004 年，第 85 页。

各国的"共同文化遗产"进行回溯和审视。① 在这一共同的欧洲文明框架内，多元文化因素被引入，包括民主、法律、社会正义、尊重人权、对共同价值观的忠诚、对共同利益的认识、生活态度的日益趋同，以及决心参与统一欧洲的建设等。这些因素使得欧洲认同不再是一个抽象的概念，而是在具体的政治、社会和文化实践中得以体现和巩固。

然而，这种认同是否足够强大，是否可以将欧洲各国统一起来，用一个声音说话，共同发展，共渡难关呢？陈乐民在《欧洲文明的进程》中提到，欧洲人往往会有两种"认同"交叠着：一方面是欧洲主义，即欧洲人彼此认同为欧洲人；另一方面是民族主义，即欧洲由不同的民族国家组成，各有各的利益观、观念和习惯。这种双重认同的矛盾在欧洲一体化的艰难进程中表现得尤为突出。每当涉及国家重要利益时，"民族认同"往往会超越"欧洲认同"。尽管西欧各国拥有共同的历史文化渊源、相近的生产力发展水平和相似的政治、文化形态，但欧洲内部各个民族国家意识依然非常强烈。

三、移民危机初现

战后欧洲一体化所要面对的问题不仅仅是民族认同和欧洲认同的博弈问题。20 世纪 70 年代的石油危机使欧洲经济的发展进入滞胀期，而外来移民问题也是在这一时期开始显露。欧洲战后大量的移民没有返回他们的原籍国，他们就业往往集中在对技术含量要求较低的体力劳动领域。许多移民子女即使未完成中学教育，也依然可以从事建筑或制造行业的体力工作。然而，经济的滞胀改变了整个就业形势，大批从事非技术性工作的工人纷纷失业，其中以外来移民劳工居多。此

---

① European Communities. Declaration on European Identitiy. Bulletin of the European Communities. Luxembourg：Office for official publications of the European Communities，1973(12).

时欧洲民众对外来移民的态度发生转变，认为他们抢夺了本地人的就业机会，将移民视为社会威胁，移民歧视甚至仇视事件频繁发生，移民问题成为欧盟一体化进程的障碍。①

在这一背景下，亟须培养一种文化认同感和欧洲意识，以促进和稳固一体化进程。教育被看作是建构文化认同的最重要的途径。在此期间，欧盟开始在重要公约及政策中涉及文化、教育，积极构建欧洲认同，同时响应国际社会的呼吁，明令禁止一切歧视及种族主义行为。

第二节　本时期欧盟及国际法律公约对文化教育的初步规定

一、欧盟基本公约

（一）《欧洲单一法令》（1986，海牙）
Single Europe Act（1986，the Hague）

1985年，欧共体在卢森堡召开理事会议，为制定全面改善共同体制度的单一欧洲法展开谈判，次年2月17日，成员国在荷兰海牙签署了《欧洲单一法令》。法令序言强调欧共体应作为一个"内聚力"存在于国际关系和国际组织中。缔约各国应通过包括教育在内的各种方式加强这种"内聚力"。这一法令为建立欧洲维度教育，促进各国教育合作铺平了道路。

---

① 伍慧萍、郑朗：《欧洲各国移民融入政策之比较》，载《上海商学院学报》2011年第1期。

表 3-1 《欧洲单一法令》中关于教育培训的条款

条款	内容
第一百三十条 F 款	1. 共同体的目标应旨在加强欧洲工业的科学与技术基础，并促进其更具国际竞争能力；2. 为实现这一目标，共同体应鼓励企业，包括中、小企业，研究中心和大学进行研究和技术发展活动；支持其相互合作的努力，尤其是那些通过开放国家公共采购合同，确立共同标准，以及排除妨碍这一合作的法律与财政方面的障碍，目的特别在于使企业能够充分作出挖掘共同体内部市场潜力的合作努力；3. 在实现这些目标的过程中，要特别考虑到共同研究与技术开发的努力，内部市场的建立与共同政策，特别是共同竞争与贸易政策的实施之间的关系。
第一百三十条 G 款	在谋求这些目标过程中，共同体应采取以下行动，来补充各成员国所采取的行动：1. 通过促进与企业、研究中心和大学的合作，实施研究、技术开发与示范规划；2. 促进共同体在研究、技术开发与示范领域中与第三国和国际组织的合作；3. 传播并充分运用共同体在研究、技术开发以及示范中的活动成果；4. 促进共同体内研究人员的培训与流动。

(二)《欧洲联盟条约》（1991，马斯特里赫特）
Treaty on European Union（1991，Maastricht）

1991 年 12 月欧洲共同体首脑会议在荷兰的马斯特里赫特举行。会议通过并草签了《欧洲经济与货币联盟条约》和《政治联盟条约》，即《欧洲联盟条约》，又称《马约》（Treaty on European Union，also as Maastricht EU Treaty，简称为 TEU）。在其序言中这样写道：共同体决心把欧洲一体化进程推向一个崭新阶段；以自由、民主、尊重人权人身自由、法治为原则，在尊重各成员国历史、文化和传统的同时加强团结，提高效率，实现欧洲单一市场的建设，实现共同军事外交，在全球确立欧洲身份及影响力。①

《马斯特里赫特条约》于 1993 年生效。《马约》是欧盟第一个明

---

① 欧共体官方出版局编:《欧洲联盟法典》(第二卷),苏明忠译,北京:国际文化出版公司,2005 年,第 8 页。

确提及文化的条约，其中第一百二十八条又被后人称为文化条款。该条款在 1997 年的《阿姆斯特丹条约》（Amsterdam Treaty）和 2007 年《里斯本条约》（Lisbon Treaty）基础上进行了修订。但是尽管历经多种形式的转化，其基本原则与基本内容并没有发生多大改变，目标都是维护欧洲文化的多样性特征，保护与弘扬欧洲共同的文化遗产。

表 3-2　《马斯特里赫特条约》中关于教育文化的条款

条款	内容
第一百二十六条	1. 共同体有完全尊重成员国在教学内容和教育体制、组织等方面的责任，在完全尊重各成员国的文化和语言多样性的同时，鼓励各成员国之间互相合作，必要时可通过支持和补充各成员国间的合作行动，为优质教育的发展作出贡献。2. 共同体行动的目标为：通过教授和传播各成员国的语言，发展欧洲教育事业。
第一百二十八条	1. 共同体应尊重各成员国的国家和地区差异，在强调共同文化遗产的同时，应为繁荣各成员国的文化作出贡献；2. 共同体行动的目的在于鼓励各成员之间的合作，以及必要时支持和补充各成员国在以下领域的行动：加强对欧洲人民的历史和文化的了解和传播；保存和保护欧洲意义的文化遗产；促进非商业性质的文化交流；鼓励包括视听领域在内的艺术文学创作；3. 共同体和各成员国应加强同第三国、国际主管机构及欧洲委员会在文化领域的合作；4. 共同体在依照本条约其他规定而采取行动时应考虑到文化方面的因素。

（三）《阿姆斯特丹条约》（1997，阿姆斯特丹）
Amsterdam Treaty（1997，Amsterdam）

《阿姆斯特丹条约》第一百四十九条和一百五十条即《欧洲联盟条约》第一百二十八条和一百二十九条。其中第一百四十九条在原来的基础上对欧盟教育政策的性质、目标和原则进行了界定。第一百五十条则专门对欧盟职业培训政策的性质、目标和原则进行了界定。同时，《阿姆斯特丹条约》第十三条新条款的引入解决了长期以来困扰共同体在反对种族歧视问题上的权力限制问题，为欧盟种族平等政策

的全面发展奠定了法律基础。① 《阿姆斯特丹条约》还将《申根协议》
（Schengen Agreement）引入欧盟法律，取消了欧洲内部的边境管制，
同时加强欧盟外部边界的打造。

表 3-3　《阿姆斯特丹条约》中关于教育文化的条款

条款	内容
第一百四十九条	共同体要充分尊重各成员国内部教学内容、教育体系的自主性及各自文化与语言的多样性，鼓励各成员国之间发展合作，促进高质量教育，共同体可对各成员国的教育事宜进行协调及补充性行动。欧盟的教育目标为：1. 大力发展各成员国的语言教学，传播建构教育的欧洲意识；2. 通过证书和学历认定，鼓励、促进学生和教师在欧盟境内的流动；3. 在欧盟范围内推动各种教育机构之间的合作；4. 鼓励各成员国在教育共同问题上进行信息与经验的交流；5. 鼓励青年的交流和教师间的交流；6. 促进远程教育。
第一百五十条	共同体在充分尊重各成员国对于其职业培训内容与培训组织责任的同时，按照协调性及补充性原则，在欧盟各成员国之间：1. 通过职业培训与再培训，实现对欧盟产业变革的调整；2. 改善初识和继续职业培训以促进对欧洲劳动力市场的职业整合；3. 为接受职业培训者提供便利，鼓励教师和受训者的流动；4. 激励教育或者培训机构与企业、公司之间的培训合作；5. 鼓励各成员国在培训体系等共同问题上进行信息和经验方面的交流。
新条款第十三条	理事会根据委员会建议，并与欧洲议会磋商后，可以在一致同意的情况下采取适当行动，以反对基于性别、种族或民族起源、宗教信仰、残疾、年龄或性取向的歧视。

（四）哥本哈根标准（1993，哥本哈根）
Copenhagen Criteria（1993，Copenhagen）

自 20 世纪 90 年代苏联解体和东欧剧变以来，欧洲面临的种族主
义和移民问题愈加严峻，对欧洲大陆的安全与团结造成了严重影响。

---

① 欧共体官方出版局编:《欧洲联盟法典》(第二卷),苏明忠译,北京:国际文化出版公司,2005 年,第 310 页。

随着欧盟东扩的推进，欧盟开始强调少数民族权利和民族问题的妥善处理。1993 年 6 月，欧盟在哥本哈根首脑会议上提出了"哥本哈根标准"（Copenhagen Criteria）。哥本哈根标准明确指出为了维护欧洲安全、推进欧洲民主化进程，中东欧国家必须满足欧盟民主政治、市场经济和行政管理三方面的标准，即达到政治制度稳定，确保民主、法治、人权，尊重保护少数民族利益三方面标准，方能申请入盟。通过设立这些标准，欧盟不仅要求中东欧国家在申请入盟前妥善处理内务，提前解决民族问题、化解民族冲突，还明确了欧盟在保护少数民族利益方面的统一标准，这对欧盟来说可谓一箭双雕。[①]

由于欧盟本身并没有专门针对少数民族保护的法律和制度，国际社会对少数民族保护问题也缺乏共识和统一标准，欧盟设立了年度定期评估报告制度，以监督和推动中东欧国家的入盟进程。每年的定期评估报告都提醒各候选国签署和批准由欧洲委员会于 1995 年制定的《欧洲保护少数民族框架公约》（Framework Convention for the Protection of National Minorities），该公约成为欧盟用于落实候选国少数民族保护工作的关键手段和依据。

哥本哈根标准的制定对欧盟意义重大。若无此标准，在面对中东欧申请国时，欧盟内部可能会在政治、经济、文化、法律等方面产生诸多质疑，致使吸纳这些国家入盟的进程受阻，甚至对将这些国家纳入欧盟缺乏信心。同时，欧盟的各种援助也从开始之时的纯粹的经济性质转向了政治、经济的双重性质，帮助中东欧申请国实现政治和经济的转轨，从而使它们适应欧盟国家的氛围。再者，欧盟也通过对申请国进行评估的方式，将扩大的权力牢牢地控制在自己的手里，并且在速度和广度上全盘掌握入盟的进程。虽然哥本哈根标准在后来的实施过程中出现了新老成员国双重评价标准、评估自相矛盾、监督执行困难等问题，但总体而言，该标准在欧盟第五次扩大的进程中，作用

---

① European Concil in Copenhagen. Conclusions of the Presidency. SN 180/1/93, 1993-6-21/22.

还是非常大的，它就像一把火炬，照亮了申请国的入盟之路，也增强了欧盟的信心。

哥本哈根标准为欧盟东扩会带来的认同冲击做出了相应的准备，同时也侧面传达出"谁可以成为我们"的欧洲认同标准，即只有遵行民主、自由、法治、尊重人权、尊重少数人权利的正义、宽容、非歧视、多元化的原则，才能成为欧盟的一员。

二、国际法律公约

同一时期，国际社会对人权和反歧视的关注不断加强，联合国等国际组织发布了许多相关法规和政策。欧盟对此给予了认可，大多数欧盟国家也承认并签署了这些法规。

1986年6月11日，欧洲委员会、欧洲议会与部长理事会在法国斯特拉斯堡发表了《反对种族主义与仇外的联合声明》（Declaration against Racism and Xenophobia）。声明强烈谴责了所有形式的种族暴力行为，呼吁所有欧洲公民要意识到种族主义的危险性，以确保所有形式的歧视行为都能得到及时的预防和控制。[1] 这一宣言后来虽然没有落实到任何具体的反歧视行动，但在一定程度上表明了欧盟对种族排外和种族歧视的零容忍态度。

1990年5月29日，欧共体部长理事会与各成员国政府代表通过了《关于反对种族主义和仇外的决议》（On the Fight against Racism and Xenophobia），决议呼吁成员国提供可以求助的法律法规，设立有效的教育信息政策，积极开展反种族主义行动。[2] 决议明确指出："宣

---

[1] European Parliament, European Commission. Declaration against Racism and Xenophobia. *Official Journal of the European Communities*, C158/ 01, 1986.

[2] Council of the European Communities. Resolution of the Council and the Representatives of the Governments of the Member States, Meeting within the Council on the Fight against Racism and Xenophobia, *Official Journal of the European Communites*, C157, 1990-06-27.

传反仇外、反歧视预防措施，实施反歧视教育政策，效果显著，意义重大。"在同年 10 月通过的在教育领域反对种族主义的决议中，欧共体再次申明了教育在反种族主义和仇外现象中所起到的关键作用，呼吁所有成员国提高国内教育体制的灵活性，促进课程的多样性以应对复杂的形势。

1992 年，联合国大会通过了《关于在民族或种族、宗教和语言上属于少数人的权利宣言》（Declaration on the Rights of Persons Belonging to National or Ethnic，Religious and Linguistic Minorities，以下简称《少数人权利宣言》）。《少数人权利宣言》明确倡导多元文化，要求对外来少数文化加以保护，消除歧视，以促进全人类文化的发展。[①] 与此同时，国际社会开始呼吁人权，联合国、欧洲委员会纷纷就人权问题发表宣言、法规。在国际社会的影响之下，欧盟也加入了重人权、反歧视的多元文化教育运动中。

1994 年 11 月，欧洲委员会部长理事会共同签署了《保护少数民族框架公约》（Framework Convention for the Protection of National Minorities）。[②] 该公约指出，一个多元、民主的社会不仅要尊重每个民族的种族、文化、语言和宗教特点，还应当为他们自由表达、保持和发展这一特点创造适宜条件。公约还指出，决定文化多样性成为丰富社会的源泉还是分裂社会的因素，赋予每一位少数民族成员自由选择的权利是关键。该公约对文化多样性的认识及少数民族的文化选择权的理解都体现了一种自由、平等的多元文化观。不过，令人遗憾的是，公约中所说的少数民族仅涵盖欧洲本土的少数族群，并不包括来自欧洲以外的族群。

1995 年底，欧盟委员会发表了一篇关于种族主义的通讯 "Com-

---

① UN General Assembly. Declaration on the Rights of Persons Belonging to National or Ethnic, Religious and Linguistic Minorities, A/RES/48/138, 1993-12-20.

② 夏敬革、尹航译：《欧洲理事会〈保护少数民族框架公约〉1994 年 11 月 10 日通过》，载《世界民族》1995 年第 2 期，第 77-80 页。

munication from the Commission on Racism, Xenophobia and Anti-semitism"。通讯中委员会深入分析了近年来欧洲内部种族主义现象持续出现的复杂原因，认为低水平的教育、不充分的融合、失业、贫困和社会排斥都是导致种族主义滋生孕育的温床。[①] 因此，本着相互合作、相互尊重、提早预防的原则，委员会提议将 1997 年命名为 "欧洲反种族主义年"（European Year against Racism and Xenophobia）。

第三节　构建欧洲维度教育，保护欧洲 文化遗产

关于欧洲一体化的发展，欧盟之父让·莫内（Jean Monnet）曾说过一句名言："如果可以从头再来，我会选择先从文化开始。"[②] 这句话侧面说明了文化教育在欧洲一体化中的关键作用，但同时也反映出文化认同在欧洲经济共同体早期建设中的缺位。

20 世纪 70 年代，随着欧洲共同体的建立和发展，欧共体从最初单纯注重经济发展转向对探索政治和社会一体化、寻找方法以加强欧洲认同的建构。[③] 欧盟最初多元一体的理想蕴含着这样一个理念：打造文化上保持多样性，政治、经济上保持利益一致的 "欧洲认同"，以强化欧盟各成员国对 "欧洲" 的忠诚感。欧盟的官方口号是 "多元中的统一"（Unity in Diversity），强调在保持各国民族文化多样性的同

① Commission of the European Communities. Communication from the Commission on Racism, Xenophobia and Anti-semitism and Proposal for a Council Decision, COM（95）653 final. Brussels, 1995.

② Shore, Cris. Inventing the "People's Europe": Critical Approaches to European Community Cultural Policy, *Man*, New Series, Vol. 28. No. 4 1993, pp. 779-800.

③ 欧阳光华:《一体与多元——欧盟教育政策述评》,载《比较教育研究》2005 年第 1 期,第 11-15 页。

时，各成员国应共同努力建立一个具有共性认同的欧洲，即在本民族认同的基础上形成欧洲认同。为实现这一目标，欧盟开始从超国家层面制定政策，推动教育改革，试图通过教育领域的变革促进欧盟范围内的教育交流与合作，从而实现构建欧洲认同的目标。

欧洲认同是一种新型的集体认同，它是一种超国家的认同形式，是对现有民族认同的一种超越。依据安东尼·史密斯（Anthony D. Smith）的观点，欧洲认同应基于共享的文化认同观念，在欧洲的法律、权利、社会体系的保障下，在所有欧洲公民的支持下，才能逐渐形成。① 其中政治认同、文化认同、社会认同缺一不可，否则就无法构成完整意义上的欧洲认同。这不仅需要欧盟法律制度的完善作为保证，也需要欧盟在教育文化方面的构建和塑造。

英国人类学家 E. B. 泰勒（E. B. Taylor）在 1871 年出版的《原始文化》一书中对文化做出如下定义："文化是一种包括知识、信仰、艺术、法律、道德、习俗和个体作为社会成员而获得的能力、习惯在内的复杂整体。"② 文化不仅指静态层面上的传统，还指一种活动的过程，是一种由互动而形成的共有知识或集体知识，是一种社会所共有的、被结构化了的知识，包括规范、惯例风俗和制度等。

欧洲大陆上生活着不同的民族，这些民族共享着相同的文化渊源和相似的历史传统。相比其他大陆，欧洲面积较小，地理条件相对简单，因此自古以来，欧洲各民族的接触和流动频繁，文化交流密切。

从语言的角度看，大多数欧洲语言都源于印欧语系。早期印欧语族人经过漫长的迁移，在欧洲大陆的各个地方散居下来，吸纳各地文化之后，形成了丰富多彩的欧洲语言。这种语言上的同源性使得欧洲

---

① ［英］安东尼·史密斯：《全球化时代的民族主义》，龚维斌、良警宇译，北京：中央编译出版社，2002 年。

② 转引自王小侠编著：《西方文化史论》，沈阳：辽宁大学出版社，2005 年，第 5 页。

各种语言不仅在构词上有相似之处，而且在语法体系上也非常接近，这使得欧洲人在沟通和交流时较为容易。

在文化层面上，欧洲拥有共同的历史。欧洲国家一同经历了资本主义运动、文艺复兴运动、人文主义运动的风霜雪雨，产生了如洛克、卢梭、孟德斯鸠等文化巨匠，他们创造出众多璀璨的文化遗产，社会契约论、法治分权论等思想至今仍对欧洲产生深远影响，成为欧洲的宝贵财富。

尽管欧洲文化丰富多样，各成员国在民族主义情感、经济制度、法律体系和宗教信仰等方面各有差异，但欧洲文化也拥有着共同的内涵，是一种欧洲特有的"认同中有多样""多样中有认同"的特色文化。这种内含凝聚力的文化特质被看作是构建欧洲认同的关键，成为后来欧盟教育政策和多元文化教育政策发展的深厚土壤。

一个在归属感上联合起来的欧洲地区，无论在地域和民族上，还是在种族和宗教上，都为个人认同和身份的定位提供了一个新的参照框架，即"我是欧洲人"。欧洲被视为一个各种文化认同或身份因素多样存在的共同空间。在面对文化多样性和政治多元化的欧洲社会现实时，建立一种基于多元文化主义的欧洲认同成为一种顺理成章的正确立场。因此，多元文化主义从90年代开始成为欧洲政治中的时髦词汇，在欧洲广泛流行。

一、"欧洲维度"教育的构建

根据法国学者丹尼斯-康斯坦·马丁（Denis-Constant Martin）的叙事认同理论，认同是一种特殊的叙事形式，其情节可以被重组，进行新的诠释。情节的选择通常围绕三种关系展开：其一，与过去的关系，即寻求认同的历史根源，以确定其合法性。其二，与空间的关系，即将群体赖以生存和行使权力的空间转化为特定群体的专属领域（exclusive turf），从而排斥异己力量的存在。其三，与文化的关系，即选择与群体成长密切相关的先存的（pre-existing）文化特质进行重构，进而建构认同。① 他强调了文化与群体认同之间的紧密联系，认为认同构建可以通过历史文化的继承、排他性公共空间的建立和文化政策的推动来实现。

如欧盟的宗旨所说的那样，只有在保持民族文化认同的前提下，才能获得一种超国家的新认同。这种认同使欧洲人在自我界定时，能够自觉意识到他们还同时属于一个更高的整体。这种欧洲意识有利于中和欧盟各国的民族主义情感，消除民族主义排外性的消极因素，从而有利于实现欧盟各民族的团结。② 教育就是培养这种欧洲意识、塑造欧洲认同的重要途径。

（一）发展"欧洲维度"教育的政策部署

欧盟对文化教育的关注始于20世纪70年代。早在1971年7月，首个欧盟内部教育行政执行组（Teaching and Education Group）成立，由欧共体委员会专员阿尔提艾罗·斯皮内利（Altiero Spinelli）直接管理。同年11月，欧盟初始六成员国举行了首次欧盟内部教育部长会议，在会议上商讨欧盟高等教育合作与整合的实施方式及计划，拟定了欧盟职业培训行动计划的指导方针。不过这次会议是由代表各成员国的教育部长参加，因此更多是一种政府间行为，并不是真正意义上代表欧共体理事会的行动。③

1972年比利时前教育部长亨利·詹尼（Henri Janne）受欧共体委员会邀请发表了重要的《詹尼报告》（Janne Report），即《关于欧共体的教育政策的研究报告》（For a Community Policy on Education）。

---

① Martin, Denis-Constant. "The Choice of Identity", *Social Identity*, Vol. 1, No. 1, 1995, pp. 6-8.

② 洪霞：《欧洲的灵魂：欧洲认同与民族国家的重新整合》，北京：中国大百科全书出版社，2010。

③ Council of the European Communities. General Guidelines for Drawing up a Community Action Programme on Vocational Training. *Official Journal of the European Communities*, C81/5, 1971.

《詹尼报告》对 35 名教育专家的讨论意见进行了总结,并在此基础上明确指出,当前欧盟当务之急是在普通教育与职业教育之间打破壁垒,建立联系。[①]《詹尼报告》强调,欧共体政策必须涵盖教育,并建立一种"欧洲维度"(European dimension)的教育。欧共体教育政策制定不仅要充分考虑各成员国的教育体制和传统,还要增强成员国相互之间的协调。该报告成为欧盟制定教育政策的重要参考基础。[②]

1973 年,欧盟正式将教育纳入其行动范围,成立了"研究与科教总司"(Directorate-General for Research, Science and Education),负责教育以及原有的研究与科学政策事务。1974 年 3 月 11 日,欧共体委员会发布题为《欧洲共同体的教育》(Education in the European Community)通报,指出在欧共体框架内推进教育合作的重要性。[③] 该通报主要内容包括:1. 扩大教师、研究人员和学生在成员国范围内流动的机会,以丰富其专业经验,以及逐步将其研究和学习扩展至整个欧洲,同时要处理好各成员国对学术资格的认可;2. 加强流动工作者子女的教育;3. 促进欧洲维度在教育中的发展。对于欧共体涉入教育合作与欧洲委员会等其他国际组织业已开展的相关活动可能产生重叠的种种质疑与批评,欧共体委员会明确表明了立场。欧共体委员会认为,这种合作不应采取任务分工的形式,这样会对欧共体的自然发展与活力造成限制。[④]《马约》生效以后,研究与科教总司于 1995 年 1 月更名为欧盟教育、培训与青年总司(Directorate-General for Education, Training and Youth)。1999 年,欧盟委员会重组后,该部门再次

---

① 窦现金、卢海弘、马凯:《欧盟教育政策》,北京:高等教育出版社,2011 年,第 246 页。

② Janne H. For a Community Policy on Education. *European Education*,1973,6(1):50-66.

③ European Commission. Education in the European Community:Communication From the Commission to the Council. COM(74)253 final/2,1974-3-17.

④ 阚阅:《多样与统一——欧洲高等教育一体化研究》,杭州:浙江大学出版社,2016 年,第 36 页。

更名为"教育与文化总司"（Directorate-General for Education and Culture）。几次更名和重组充分表明欧盟委员会对教育、文化在欧洲一体化进程中发挥作用的期望。（欧盟教育与文化总司部门组织结构图详见图 3-1）

图 3-1　欧盟教育文化总司组织机构图（2011 年）①

1974 年 6 月，扩充至九国的欧共体首次召开教育部长会议，欧共体特别教育委员会成立。该委员会由各成员国代表及欧共体委员会官员组成，于同年 10 月举行首次会议，并提出开展教育领域行动计划

———————

①　窦现金、卢海弘、马凯：《欧盟教育政策》，北京：高等教育出版社，2011 年，第 248 页。

（Action Programme in the Field of Education）的报告。该计划旨在通过不同国家教育体系之间更好的合作与协调，尽可能改善成员国与非成员国的教育和培训。报告于 1976 年 2 月 9 日被批准采纳，确立了欧共体基本的共同教育政策，① 主要涉及外籍劳工子女教育、各成员国教育体制的联系、文献及信息数据采集、高等教育、外语教学以及教育机会平等这六个领域。

然而，由于缺乏法源基础，加上各个国家的态度不一，该行动计划的执行效果并不理想。1982 年，欧洲议会通过决议，表明了对理事会在高等教育方面缺乏行动的不满，要求理事会加强促进欧共体在高等教育政策方面的合作行动。1983 年，欧洲议会通过了《促进欧盟境内语言教学的开展及境内高等教育机构间同等学力文凭互相承认的实施》决议。② 随后，欧盟委员会和欧盟理事会出台了一系列的教育项目和计划。1984 年在枫丹白露欧共体首脑会议上通过了欧洲议会议员阿都尼诺（Pietro Adonnino）的提议，建立了"阿都尼诺委员会"（Adonnino Committee），专门研究欧洲一体化问题。该委员会在后来的报告中提出建立一个联合、统一的欧洲，强调文化和教育对欧洲整合的作用，力求改善欧共体形象，打造人民的欧洲。③ 1986 年，《单一欧洲法令》在卢森堡和海牙签订，旨在欧洲实现四大流通：即货物的自由流通（free movement of goods）、资金的自由流通（free movement of capital）、人员的自由流通（free movement of persons）和服务

---

① Council of the European Union. Resolution of the Council and the Ministers for Education Meeting within the Council of 9 February 1976 Comprising an Action Programme in the Field of Education, C38, *Official Journal of the European Communities*, 1976.

② European Parliament. Resolution Concerning Language Teaching in the Community. *Official Journal of the European Communities*, C128, 1983, pp. 59–60.

③ European Commission. *The History of European Cooperation in Education and Training*. Luxembourg: Office for Official Publication of the European Communities, 2006, p. 133.

的自由流通（free movement of service）。欧洲维度的教育理念随之确立，教育在欧洲一体化进程中的作用日益凸显。教育不再被看作是经济一体化无关紧要的副产品，而是被视为经济一体化的重要功能性前提。"完善统一的内部市场，推动欧洲经济一体化服务；形成欧洲认同，推动欧洲政治一体化服务"，成为欧盟教育政策的最重要的两个价值目标。

1988年欧共体理事会通过《关于发展"欧洲维度的教育"的决议》（Resolution of the Council and the Ministers for Education Meeting within the Council on the European Dimension in Education），确定了欧洲维度教育的基本目标：培养欧洲青年的认同意识，使他们能够通过教育有效参与共同体的经济和社会生活；使青年们了解共同体所面临的机遇与挑战；帮助青年加深对共同体及各成员国的认识与了解；使青年们认识到在欧洲范围内开展合作交流的重要性；进一步推动文凭及进修认可制度；鼓励教育机构彼此间的合作交流；鼓励发展远程教学。此外，该决议还号召各成员国与欧共体一起共同采取行动，将欧洲维度融入各地学校课程、教材编写以及教师培训中。①

从该时期出台的大量教育政策可见，为了塑造欧洲认同，欧盟确实做出了诸多努力。然而，在如此敏感的教育领域，由于欧盟对于各成员国的执行完成情况并没有法律权限，因此以资金资助为主要形式的"教育行动计划"成为开展欧洲维度教育的主要手段。

（二）欧洲维度教育的具体实践——欧盟教育行动计划

从20世纪70年代中期开始，欧盟引入"欧洲维度"（European Dimension）这一重要理念，重视对学生欧洲意识的培养，强调对欧洲

---

① European Commission. *The History of European Cooperation in Education and Training*. Luxembourg: Office for Official Publication of the European Communities, 2006, p. 133.

公民的共同文化遗产的保护。随着 1985 年单一欧洲市场的成功建立，一些针对特定领域的教育行动计划也开始实行，包括可米特计划（Comett，1987 — 1989；1990 — 1994），伊拉斯谟计划（Erasmus，1987 — 1989；1990 — 1994），佩特拉计划（Petra，1988 — 1991；1992 — 1994），欧洲青年计划（Youth for Europe，1989 — 1991，1992 — 1994），灵格尔计划（Lingua，1990 — 1994），佛斯计划（Force，1991 — 1994），欧洲职业技术培训创新网计划（Eurotecnet，1990 — 1994）。进入到 20 世纪 90 年代，欧盟教育文化司成立，前面提到的教育行动计划从 1995 年开始被整合进了两个新的行动计划，即苏格拉底计划和莱昂那多·达·芬奇计划（以下简称"达·芬奇计划"）。[①] 这两个计划分别涉及学校教育领域和职业培训领域。教育行动计划五花八门，涉及培训、文化交流、技术研发各个方面，为推动欧盟教育发展，打造欧洲认同，增强欧盟社会凝聚力起到重要作用。

1. 苏格拉底项目（SOCRATES Programme）

苏格拉底项目于 1995 年提出，是欧盟设计的大型综合性教育行动计划，内容涵盖了学前教育、初等教育、高等教育、职业技术教育及成人教育各个阶段。计划执行期限为十二年，分两个阶段实施。第一阶段（1995—1999 年）为期五年，欧盟拨款 9.2 亿欧元，其中 2.75 万欧元用于成员国大学、中学和小学的交换项目。第二阶段（2000—2006 年）拨款达 18.5 亿欧元。苏格拉底项目以加强欧盟各类教育工作为目的，在欧盟境内普及推广欧盟语言学习，加强欧盟成员国之间的教育合作与交流，鼓励师生流动，提倡教育革新和教材创新，促进教育机会均等。为了更好地实施该项目，欧盟委员会将苏格拉底项目分成八个行动计划，分别是夸美纽斯行动计划（Comenius）、伊拉斯谟计划（Erasmus）、格朗特威格计划（Grundtvig）、灵格尔多

---

① 窦现金、卢海弘、马凯：《欧盟教育政策》，北京：高等教育出版社，2011 年，第 216 页。

语言计划（Lingua）、密内瓦计划（Minerva）、观察与创新计划（Observation & Innovation）、联合行动（Joint Actions）和辅助措施（Accompanying Measures）。①

　　苏格拉底计划自实施以来取得了显著成效，对欧盟教育事业起到了极大的推动作用。1999年第一阶段结束时，已有2000所欧洲大学成功联网，建立了35个大学专题网络，46万名大学生获得了促进流动的奖学金和补助，3万名大学教师参与了跨地区培训和交流活动，真正实现了欧洲范围内的教育合作与交流，促进了人员流动。到2006年第二阶段结束时，该项目的总预算已达到185亿欧元，涵盖了30个欧洲国家。其中，夸美纽斯计划和格朗特威格计划分别吸引了超过150万名教师参与培训和交流活动，密内瓦计划则资助了约6000个研究项目。这些成就显著增强了欧盟教育的影响力，并极大推动了欧洲教育的发展。②

表3-4　苏格拉底项目及下属教育行动计划

行动名称	所针对的教育领域	主要目标	具体行动措施
Comenius 夸美纽斯	14—19岁学生以及经验丰富的学科教师	促进成员国基础教育法与合作	区域性体系项目，学校伙伴关系项目，个体学生流动项目，教师和教育管理人员在职培训项目

　　① European Commission. *The History of European Cooperation in Education and Training*. Luxembourg：Office for Official Publication of the European Communities，2006，p. 180.

　　② European Commission. *The History of European Cooperation in Education and Training*. Luxembourg：Office for Official Publication of the European Communities，2006，p. 103.

续表

行动名称	所针对的教育领域	主要目标	具体行动措施
Erasmus 伊拉斯谟	面向高等教育领域	促进高等教育领域合作，促进师生流动	建立欧洲大学合作网，设立学生奖学金以资助大学生到欧洲其他国家学习，支持学历互认，资助学者访学交流及其他高等教育交流活动。
Grundtvig 格朗特威格	面向成人教育和其他类型的统育，面向各类非正规教育机构	总结交流提高成人学习机会和提高成人学习质量的经验	博物馆终身学习项目，手语教学和聋哑人文化项目，培训师志愿者项目
Lingua 灵格尔	属于横向联合计划行动，贯穿各个学习阶段	学习欧洲国家语言	促进外语教师在线学习，鼓励大学生外语学习，提高工作和经济生活中成年人的外语知识能力，资助青年人短期出国学习
Minerva 密内瓦	主要面向基础教育和高等教育阶段	通过信息技术促进教育教学创新，促进开放远程教育的发展。	使教师、学习者、教育决策者和大众了解开放学习，特别是信息技术在教育领域的应用；开发推广多媒体教育产品及教育新科技；通过信息技术提升教育资源共享率，促进国际网经验的交流

续表

行动名称	所针对的教育领域	主要目标	具体行动措施
Observation & Innovation 观察与创新	改进教育质量的革新摇篮	收集比较各国数据，开展教育系统比较性研究，改进欧洲国家之间的学术学历相互承认，组织决策者和教育专家交流革新内容，推广教育改革试验成果	建设教师教育信息网 ELRYDICE，为教育管理决策者到欧洲别国考察合作提供经费，向教育质量评估研究机构及教育政策研究机构提供经费，为欧盟国家学术认证信息中心拨款
Joint Action 联合行动	属于横向联合计划行动，需要欧盟各部门、各学科之间的配合与合作	加强人们对教师的了解，促进"认知欧洲运动"	教育计划、青年活动、政策研究等
Accompanying Measures 辅助措施	覆盖教育各个领域	调动力量辅助实施苏格拉底计划中没有明确罗列出来但同样有助实现其目标的行动	培养特别群体提高对苏格拉底计划的认识；提高苏格拉底计划的实施率，协调计划各个分计划活动，使这些计划和谐互助，相辅相成；保证苏格拉底计划的公平性、多样性，避免歧视和种族主义倾向

2. 坦普斯计划（TEMPUS Programme）

"坦普斯计划"，又称"泛欧大学流动计划"，旨在加强理解、促进合作、推进欧洲高等教育的现代化。坦普斯计划通过联合欧洲项目结构性和补充性措施以及个人流动资助等项目加深强化欧洲各国人民之间的交往，使人们形成共同的文化价值观念，并通过该计划来恢复和实现成员国与伙伴国因冷战而中断的高等教育合作。坦普斯计划主要以两种方式实施：提供个人资助金和开展联合项目。个人资助金的提供对象主要包括教师、培训人员、教育部高级官员、教育专家学者等，而促进学生流动的奖学金则属于联合项目。

坦普斯计划为期十六年，从 1990 年到 2006 年，坦普斯计划在推动泛欧高等教育合作方面取得了很大的成效。坦普斯计划大大改变了中东欧的高等教育体制与管理方式，对实现高效、专业和透明化的大学管理，改革学科课程建设，实现人力资本开发，加强文化与人们之间的互相理解做出了很大贡献。①

3. 达·芬奇计划（LEONARRDO DA VINCI Programme）

达·芬奇计划针对职业技术教育领域。该计划始于 1995 年，共分三期，第一期 1995—1999 年，第二期 2000—2006 年，第三期 2007—2013 年。此计划以促进职业融合、提高职业技术培训质量和数量、促进革新为中心目标，将重点放在以下几个方面：1. 终身培训的开展；2. 最新信息通信技术的广泛使用；3. 扶持弱势群体和残疾人进入劳动市场；4. 强调社会各界的广泛、平等参与。达·芬奇计划的服务对象包括：各级各类职业培训机构、研究中心、企业部门、职业机构、非营利部门、非政府组织等。②

达·芬奇计划是欧盟教育计划中影响最大的一个。为欧盟提高欧洲经济竞争力，提高个人就业能力和适应能力，改善青年失业问题，加强移民职业教育和就业培训方面做出了巨大改善。

以上这些项目和行动计划构成了欧盟教育政策庞大又错综复杂的

----

① European Commission. *The History of European Cooperation in Education and Training*. Luxembourg：Office for Official Publication of the European Communities，2006，p. 125.

② European Commission. *The History of European Cooperation in Education and Training*. Luxembourg：Office for Official Publication of the European Communities，2006，p. 171.

架构体系，成为欧盟落实欧洲多元文化教育政策、推广平等互动教育理念、发挥欧洲维度教育影响的主要方式。在这些以欧洲先贤命名的计划和项目的影响下，欧盟增强了欧洲的工业竞争力，为欧洲社会培养、输送各类人才，大大提升了欧洲高等教育的国际影响力，更重要的是促进了欧洲身份认同的构建。

除了通过教育行动计划培养欧洲认同，欧盟还试图对欧洲学校当时采用的教科书尤其是历史教科书重新进行编订，用一种欧洲视角取代传统的民族主义视角。欧盟组织了欧洲 14 位著名历史学家集体编撰《欧洲史》，于 1992 年正式出版。该书在序言中这样写道："在欧洲探索自身前途命运的漫长过程中，似乎有种难以把握的东西让各民族之间无法彼此接近。这种难以把握的东西包括不同程度的经济利益、各不相同的语言习惯和文化传统，甚至还包括一些莫名其妙的偏见。这些偏见根深蒂固，它们存在于家庭中，潜伏在学校里，甚至是匿迹于历史课本中，由此世代相传，绵延不绝。"① 这本重新编撰的欧洲史表达了欧盟力求消除民族偏见，重建繁荣欧洲的美好愿望和决心。但在实际运作中，成员国依然在教育制度和教学内容上拥有绝对的自主权，特别像历史这种有着强烈民族特色的课程，大部分国家依然沿用以本民族视角为中心的传统做法，并不接受新版的《欧洲史》。

二、"欧洲共同文化遗产"的保护

欧洲文化认同指的是欧洲人基于共同历史文化背景之上的共属意识，它是欧洲认同的核心。然而，这种文化认同应当体现各民族文化的特质和传统，而不应掩盖各个国家的民族特征。正如 1988 年 9 月 20 日撒切尔夫人（Margaret Thatcher）在比利时的欧洲学院发表的演讲中要求的那样："只有让法国仍是法国，西班牙仍是西班牙，英国

---

① Delouche, Frédéric. (ed.) Illustrated History of Europe：A Unique Guide to Europe's Common Heritage. London：Weidenfeld and Nicolson, 1993.

仍是英国，让这些国家保持自己的习俗、传统和认同，而不试图让这些国家适应某一种相同的欧洲个性，欧洲才会更加强大。"①

在 1973 年《哥本哈根宣言》中，欧共体就欧洲认同表明了立场。宣言指出，有必要审视"共同遗产"，以"确保（各成员国）共同文明的生存"并维护"欧洲共同文明框架内的文化多样性"为目标。欧洲认同的基本要素被描述为民主、法治、人权，但这些被认为具有普遍性的价值观并没有明显的欧洲特色，因此不足以全面代表欧洲。1974 年在欧洲共同体议程上提出了欧洲文化遗产的概念，这是在抽象的政治原则之外体现欧洲身份的尝试。② 1983 年，欧共体在斯图加特通过的《关于欧洲联盟的庄严宣告》（Solemn Declaration on European Union）中指出："欧共体各国应当促进欧洲意识，参与各文化领域的联合行动，将共同文化遗产作为塑造打造欧洲认同的一个重要因素。"③ 1993 年《马约》中进一步明确了这一方向，强调应加强对欧洲历史和文化的推广和传播，保护欧洲文化遗产，促进非商业性质的文化交流，鼓励包括视听领域在内的文化产业的发展，提升欧洲文化的影响力。由此，欧盟文化保护与推广行动正式拉开了帷幕。

（一）欧洲文化推广行动

1985 年，欧盟启动了具有标志性意义的"欧洲文化名城"巡游活动（European City of Culture，ECoC），该活动在 2005 年更名为"欧洲文化之都"。这一活动旨在通过文化交流加深欧洲各国之间的相互了解，并加强各国人民之间的联系。1985 年，雅典成为首个"欧洲

---

① Thatcher, Margret. Speech to the College of Europe. Margaret Thatcher Foundation, 1988-9-20. http://www. margaretthatcher. org/document/107332.

② European Parliament. Minutes of Proceedings of the Sitting of Monday, 13 May 1974, C62/1. *Official Journal of the European Communities*, 1974.

③ Witte, Bruno de. Building Europe's Image and Identity, in A. Rijksbaron et al. eds. , *Europe from a Cultural Perspective*, The Hague: UPR, 1987, p. 136.

文化名城"，紧接着，1986年，佛罗伦萨作为欧洲文化的发源地也获得了这一称号。通过这些活动，欧盟促进文化交流，提升欧洲城市的国际形象，并增强了公众对欧洲共同文化认同的意识。

20世纪90年代，欧盟发起对欧洲共同历史——两次世界大战的纪念活动。1993年，前纳粹集中营被指定为欧洲历史古迹；1995年，欧洲议会设立欧洲大屠杀纪念日。二战的创伤记忆成为欧洲认同的重要部分，也成为促进欧盟传统核心价值观的重要方式之一。[①]

在文化条款的指引下，欧盟鼓励并支持成员国间积极开展文化教育合作及交流活动，也推出针对欧洲文化事务的各种资助方案。1991年的"电视无国界"计划，对欧洲广播电视事业进行了全面扶持。从1996年到1999年，欧盟还分别启动了艺术领域的"万花筒计划"（the Keleidescope Programm），图书阅读方面的"亚里安计划"（the Ariane Programm），文化遗产领域的"拉斐尔计划"（the Raphael Programm）等，进一步鼓励成员国宣传和弘扬欧洲文化，从艺术合作、书籍阅读翻译以及艺术文物保护方面打造具有"欧洲维度"的艺术文化教育活动。

这一系列丰富多彩的文化教育举措是欧盟对欧洲文化认同的探索和尝试。除了学校这一开展"欧洲公民"教育的主阵地之外，欧盟组织、各国政府及一些非政府组织纷纷参与进来，通过多种途径和方式对欧洲共同的历史文化进行宣传。这些活动力求激发欧洲公民的使命感和荣誉感，增强他们对欧洲的认识，进而萌发归属感和命运共同体感，培养欧洲认同意识。

但有关欧洲文化认同的宣传，通常与古希腊、罗马与基督教文化相关，因此被诟病为精英、中产阶级与知识分子眼中的欧洲文化，是欧洲中心主义的体现。

---

① Calligaro O. *Negotiating Europe*: *EU Promotion of Europeanness Since the 1950s*. New York：Palgrave Macmillan US，2013.

（二）保护欧洲民族语言——区域性及少数民族语言援助计划

为进一步"扩大"欧洲文化遗产的影响力，欧盟将少数族裔文化纳入欧洲文化保护的范围。1983 年，欧洲议会议员盖塔诺·阿尔菲（Gaetano Arfé）提出保护少数民族语言和文化议案。他认为"少数民族代表着数百万人民，是欧洲及其文明不可分割的一部分"，而且"每种语言都蕴含着文化遗产的秘密"。最终欧洲议会投票通过了这一议案。

欧盟自成立初期便确立了多语言主义政策，明确规定所有欧盟成员国的语言同等重要，一律平等。这一点从欧盟 1958 年 4 月 15 日颁布的《欧共体 1 号条例》便可以看出。1997 年欧盟《阿姆斯特丹条约》第 8 条 D 款："任何欧盟公民均可以使用任何一种语言给欧盟组织或机构写信，欧盟组织和机构也应采用同样语言给予答复。"[①] 进一步表明了欧盟对于多语言教育的立场。

根据欧洲少数语言中心的数据，欧盟境内约有 4000 万人使用 60 多种土著语言或区域性少数民族语言，包括巴斯克语（Basque）、加泰罗尼亚语（Catalan）、弗里斯兰语（Frisian）、加来西亚语（Galician）、萨米语（Sami）、威尔士语（Welsh）、意第绪语（Yiddish）以及移居欧盟国家的移民带来的语言。然而在全球化的影响下，多种欧洲少数民族语言濒临消失。

美国教育学者和语言学家加西亚（Ofelia García）关于语言和生态多样性曾有过这样一个类比。在世界语言这座花园里，如果开的都是一样的花那势必会单调乏味。不同的花，形状，大小，颜色各异，这样才悦人眼目，陶冶身心。[②] 而欧洲就像这样一座丰富美丽的花园。

---

① 欧共体官方出版局编：《欧洲联盟法典》（第一卷），苏明忠译，北京：国际文化出版公司，2005 年，第 232 页。

② García, O. From language garden to sustainable languaging: Bilingual education in a global world. *Perspectives*, 2011, 34(1), pp. 5-9.

保存欧洲语言文化遗产对于保存欧洲独特个性存在有着重大的意义，因此，欧盟积极出台了一系列多语主义政策对欧洲的文化、语言进行保护和促进。① 根据欧盟的语言发展政策，这些少数群体的语言享有与欧盟官方语言相等或基本相等的权利。

《区域或少数民族语言援助计划》（Resolution on a Community Charter of Regional Languages and on a Charter of Ethnic Minorities）于1981年提出，旨在保护欧洲共同文化遗产，挽救欧洲濒危语言，促进欧洲少数民族的语言发展。② 从1983年开始，欧盟开始对欧洲区域性语言和少数民族语言进行资助，形式包括在学前教育、初等教育和高等教育层级大力推行欧洲区域性或少数民族语言学习，在欧盟境内培训多语言教师，开发相关语言教材教法，举办多语言文化交流活动等。截至1997年，欧盟对区域性或少数民族语言的总体预算额度逐年增加，总投入经费超过2800万欧元。③

欧盟对区域或少数民族语言的资助，主要是基于欧洲委员会1992年通过的《欧洲区域或少数民族语言宪章》（European Charter for Regional or Minority Languages）（以下简称《宪章》）。④《宪章》旨在保护和发展欧洲文化遗产，保障每个公民在公共和私人领域中使用自身语言的权利。随着欧洲委员会主要成员国纷纷签署《宪章》，少数族裔语言文化权利保护成为一种欧洲共识。但也有一些国家，如法国，以民族单一性为由，拒绝签署《宪章》。

由于区域或少数民族语言涉及欧洲文化的复杂性和敏感性，欧盟对

---

① Dendrinos, B. Multilingualism language policy in the EU today: A paradigm shift in language education. *Training, Language and Culture*, 2018, 2(3), p. 10.

② European Parliament. European Charter for Regional or Minority Languages. European Treaties Series, 148. Strasbourg: Council of Europe, 1981.

③ 周晓梅：《欧盟语言政策评析》，载《云南财经大学学报（社会科学版）》2012年第5期，第139页。

④ Grin, Francois. *Language Policy Evaluation and the European Charter for Regional or Minority Languages*. New York: Palgrave Macmillan, 2003, p. 55.

此也没有硬性规定，只是根据《马约》第 3b 条的辅助原则扮演一个协调的角色，鼓励成员国之间相互合作，通过在成员国之间实施各项交流计划，以达到对欧洲区域或少数民族语言族群文化和基本人权的保护。

第四节　基于平等与反歧视原则的
##　　　　　外来移民教育

欧洲的人口组成多样，特别是二战后的几十年里，欧洲经历了巨大的人口流动。随着 90 年代柏林墙的倒塌，欧洲又迎来了历史上新一轮的移民潮。根据国际移民组织的定义，移民指的是离开原籍国或惯常居住地，跨越国界来到另一个国家并在那里永久居留或暂时居留的人；根据欧盟的官方定义，移民是指至少 12 个月以上常驻在欧盟成员国内的非欧盟国家的国民。然而，欧盟移民的实际情况远比上述定义复杂。随着东欧政变，难民、寻求避难者、外籍劳工以及前殖民地居民的涌入使欧洲社会内部的文化结构变得日益复杂和多元。

多元文化思潮起源于 20 世纪 50 年代的美国民权运动，自提出以来就取代了"一元论"和"熔炉论"，成为美国国家认同的意识形态新标准。60 年代多元文化思潮走出书斋，进入政坛，从一种学术理念变为治国政策，影响了加拿大、新西兰、澳大利亚等诸多移民国家，并在 80 年代传到西欧。

这种源自美国、加拿大，体现自由主义和认同原则的移民政策，为各国处理多元文化关系应对民族问题和外来移民问题提供了一种新思路，即承认多元文化之间的平等，互相尊重，不同文化在无强制、无压迫、无歧视的前提下共存。为解决多元社会的文化和族群关系，以及对国家的政治认同问题，欧盟多数成员国将多元文化主义纳入官方政策，致力于构建"彩虹国度"。"不论肤色、种族、语言或宗教信仰，确保所有公民的价值和尊严"，成为大多数欧洲国家的官方宣言。① "多元文化的"是欧洲文化形态的准确描述，多种文化共存已成为欧洲社会广泛认可的共识。瞄准欧洲内部存在的种族主义、民族关系和文化冲突的现状，多元文化主义在 80 年代的欧洲迅速成为潮流，并在欧洲的土壤孕育之下形成了特有的内涵。

早期，欧洲各国主要以高社会福利制度为手段，吸引外来移民以解决欧洲境内劳动力短缺的难题。移民参与社会建设因此被纳入欧洲社会福利体系之中，享有一定的社会、经济权利，但仍然具有较低的社会地位，学业成就不高，且无法融入主流社会。尽管后来欧洲多数移民人口选择了不回母国，但是他们在欧洲社会融合方面却依旧成问题：一部分流动儿童在流入国出生和长大，对自己的母国一无所知；一部分移民依旧生活在他们原本的文化环境中，只是部分、表面上融入了客居国社会。

大量移民子女面临低学业成就的现象，其中学毕业的比例明显低于欧洲本地学生。这一问题不仅阻碍了移民子女的社会流动，也导致了欧洲市场劳动力整体素质的下降，并引发了诸多社会问题。为应对这一挑战，欧盟发起了反种族歧视倡议，特别呼吁各国重视移民群体的教育问题。

1975 年在斯德哥尔摩召开的欧洲教育部长常设委员会第九次会议通过了《移民教育 2 号决议》（Resolution on Migrants' Education No. 2）。该决议以实现移民子女受教育机会均等为目标，提出移民教育要兼顾东道国和移民输出国的语言和文化。②

---

① ［德］尤尔根·哈贝马斯：《关于欧洲宪法的思考》，伍慧萍、朱苗苗译，上海：上海人民出版社，2013 年。

② The European Ministers of Education. Resolution on Migrants' Education（N° 2）. Adopted during the Ninth Session of the Standing Conference of Ministers of Education of the Council of Europe. Stockholm, 1975 – 6 – 9 ~ 12. https://rm. coe. int/standing-conference-of-european-ministers-of-education/16809095c3.

1976 年 2 月 9 日欧盟各成员国教育部长峰会进一步推出《外来移民后代母语教育合作计划》（On an Action for Migrant Workers and Members of Their Families）。该计划对外来移民重新进行了界定，使其不仅包括欧盟内部其他成员国的公民，也将来自非欧盟成员国的第三国家移民包括在内。计划的提出旨在帮助所有欧盟公民学习第二种共同语言，使其在搬迁到其他成员国后，依然可以适应该国的文化并融入新的生活，让欧盟公民，不论在欧盟的任何一个角落，都能够享有学习母语的机会。①

随后，1977 年 7 月 25 日欧盟部长理事会发布了《移民工人子女教育方针》（On the Education of the Children of Migrant Workers）（以下简称"《方针》"），敦促成员国对移民工人子女教育问题加以重视。该《方针》规定：东道国需要为移民工人子女提供入学资金以及东道国语言的集中教学；为相关教师提供进修和培训机会；在必要时，成员国应与原籍国合作促进移民子女母语语言和文化的学习。《方针》同时对来自非欧盟成员国的劳工子女教育提出要求，强调成员国应尽力与其母国进行合作交流，推行以母语为主的教育计划。②

与此同时，欧盟各成员国也开始针对移民推行各具特色的多元文化教育。

一、英国

英国本身就是一个多民族国家，加上战后国际移民劳工的大量输

---

① Council of the European Communities. Resolution of the Council and of the Ministers of Education, Meeting within the Council of 9 February 1976 Comprising an Action Programme in the Field of Education, *Official Journal of the European Communities*, 1976.

② Council of the European Communities. Council Directive of 25 July, 1977 on the Education of the Children of Migrant Workers L99(77/486/EEC). *Official Journal of the European Communities*, 1977.

入，不同族裔之间的冲突频发，因此英国很早就关注种族关系问题，是欧盟成员国中较早提出多元文化教育理念的国家之一。

1965 年，英国颁布《种族关系法案》（Race Relations Act），明确规定禁止种族歧视，随后几年又进行了多次修订。在 1976 年的修订中，明确指出歧视涵盖直接歧视（因肤色、种族、国籍或族裔而遭受的不公正的待遇）和间接歧视（在看似中立的规定、标准下使一类人被置于不利的地位）。该法案规定，公共生活中不管是直接还是间接的种族歧视都属违法行为，要求在就业、教育和政府服务方面实现种族平等。《种族关系法案》为英国推行多元文化教育提供了法律保障。

1977 年英国政府又颁布《学校教育》（Education in Schools：a Consultative Document，Green Paper），首次指出英国社会是一个多文化、多种族的社会，其课程的设置应该反映出对于组成这个现存社会的不同文化和种族的深具同情的理解。[①]

1979 年英国少数民族儿童教育调查委员会成立，该委员会在 1985 年发布了著名的报告《为所有人的教育》，又称《斯旺报告》（Education for All：Report of the Committee of Inquiry into the Education of Children from Ethnic Minority Groups，Swann Report）。报告提出了全新的多元文化教育的概念：教育必须体现出对英国社会的多样性的思考，切实反映当代世界的多样性；不仅要为多数民族族裔儿童提供良好的教育，而且也要为少数族裔儿童提供良好的教育；良好的教育制度应该是种族多样、文化多元的；鼓励社会平等和公平，为所有人提供真正意义上的平等机会，消除直接或间接的、有意或无意的种族歧视行为，满足所有学生个体的需要，包括少数民族学生的特殊需要；在满足学生宗教信仰需要的同时，注意避免引起不同宗教信仰之间的

① Great Britain，Welsh Office. Education in Schools：A Consultative Document. *Annalen der Physik*，1977，388(16)，pp. 1207–1224.

冲突。① 这次报告明确指出教育是要为所有儿童进入多元文化社会获得生活技能做好准备，因此必须改革课程，在课程中引入适当的多元文化理念和知识。《斯旺报告》还指出，教育要针对族群的多样性进行变革，不仅涉及教学人员，也涉及所有学生及其父母，英国政府认为境内的任何族群都应接受良好的教育，充分发挥其能力和才智，并产生对英国的归属感。通过各种教育改革，到20世纪90年代初期，英国大多数地区已将多元文化教育整合到学校课程之中。

基于《斯旺报告》，英国政府于1988年通过《教育改革法》（Education Reform Act），该法案为提升多元文化主义和教育平等提供了更多机会。

二、法国

20世纪70年代以前，在移民子女教育方面，法国长期采取不作为的政策，试图让移民接受法国文化并直接"嵌入"法国社会，政府正式文件对移民教育问题几乎没有任何提及。根据教育社会学学者的调查研究，在20世纪60年代至70年代中期的法国，移民子弟即便通过了入门班级，掌握了法语，不论是在学校还是在社会，等待他们的是与父母从事低下职业的下层社会的法国儿童同样的命运。

但进入70年代，随着欧盟对成员国移民教育立法的重视，法国政府开始出台相关政策加以回应。1978年7月18日，法国政府发布移民子女入学通告。在通告中政府鼓励通过有组织的"跨文化"教育活动使移民劳工子女学习其原国文化。随后在7月25日颁布了78-238号《移民儿童教育法》，规定学校要一方面对移民儿童开展法语教育以适应普通班教育，一方面对移民儿童进行母语授课，为其将来回国做准备。在此基础上，还进一步指出要矫正学校教育的不平

① Swann, Lord. *Education for All: The Report of the Committee of Inquiry into the Education of Children from Ethnic Minority Groups*. London: H. M. S. O, 1985.

等，改善移民子女的接收条件，对其出身国的语言和文化进行提倡，希望移民儿童可以利用原来所持有的语言和文化知识，积极适应法国学校，从而获得丰富的学校教育。①

1980年法国政府发布了《关于移民子弟的学校教育、培训和情报中心的开设》（Circulaire relative à la création des Centres d'éducation, de Formation et d'Information pour la Scolarisation des Enfants de Migrants, CEFISEM）的通知，该中心的设立旨在为实际参与移民子女教育的教育者提供培训和信息咨询，从而帮助移民后代更好地融入法国社会。②

随着法国社会移民问题的加剧，法国左、右翼政党围绕多元文化主义进行了长期的政治博弈。1981年密特朗（François Maurice Adrien Marie Mitterrand）领导的左翼政党上台后，改变了前右翼执政党紧缩移民政策的做法，移民政策被放宽，在文化教育、文化传播、自由结社、弱势群体扶持、双重国籍等方面，移民都被赋予了更多的权力，允许外来移民成立各种文化、体育和宗教组织，多元文化主义在政治和政策层面都得到了承认。此外，法国还于这一时期开设了一些外来移民的母语和文化教育课程，涉及阿尔及利亚、摩洛哥、突尼斯和土耳其等国家的语言和文化。但是随着政治环境的改变，1986年法国社会党再次掌权，移民教育政策转向"平等共和"。在这样一种政策指向下，虽然没有否定少数民族的整体性存在，但移民个人主体身份被一再强调，只有接受法国文化、融入法国社会的移民个体，才被认为有资格成为法国公民，因此更加强调法国本土传统对外来移民的同化。

---

① 姜峰、肖聪：《法国移民子女教育政策述评》，载《外国教育研究》2011年第5期，第21-25页。

② 聂平平、葛明：《西欧多元文化主义政策的困境与超越》，载《国外社会科学》2015年第1期，第80-81页。

三、荷兰

荷兰社会一直被认为具有平等、包容的特性，各种宗教或党派群体之间平等相处，各文化间没有主次，不分从属。在这样的一种多元文化的意识形态基础之上形成了荷兰的移民融合政策。早在 20 世纪50 年代，荷兰便已有大量外来移民群体生活在国内。然而，荷兰政府对移民问题采取了一种被动且模糊的态度，认为无论是劳工移民还是殖民地移民，都是暂时的，将来还会回到原籍国。把劳工移民称呼为"客籍劳工"就能说明这一点。因此，从 1960 年至 1980 年二十年间，荷兰的临时居留特别政策就充当起管控移民的规则。这些政策促使移民进入经济领域，同时又鼓励他们分区、分群、分族聚居，保留他们原来的文化和身份特性，认为这样能使他们将来的"回家之路"更加顺畅。这个时期荷兰的教育政策没有给移民施加任何学习荷兰语或融入荷兰社会的压力，移民子女接受的是母语教育。

随着社会形势的改变，越来越多的外来移民选择永久定居荷兰。这些移民群体的社会地位很低，通常生活在相对隔离的社区，面临高失业率的困境。针对这一状况，荷兰政府推出母语和文化计划，主要针对客籍劳工子女，以便他们能够回到原籍国后可以更好地融入。

直到 20 世纪 80 年代《少数族裔政策报告》（Minority Policy, 1983）出台，荷兰少数族裔政策才开始有所发展。荷兰政府于 1980 年提出以内务部为主导建立政策协调机制，开始制定针对外来移民的社会政策。荷兰多元文化主义政策以促进具有不同文化背景的族群政治平等、文化自主、社会融入为目标，在经济领域推动外来移民在劳动力市场得到公平对待，努力消除就业歧视，为外来移民提供相对平等的就业机会；在文化领域提倡文化自主，对外来移民的特色文化予以保留，实现荷兰社会文化多元；在宗教领域允许不同的宗教和教派开展传教活动，主张宗教信仰自由，允许不同的教派和宗教团体设立宗教学校。政策针对荷兰社会中处于弱势地位的移民和一部分荷兰本国少数族群，帮助这些具有不同文化背景的少数群体在社会中实现完全参与和文化自主。政策内容包括机会平等、少数族裔政治权利的获得、非歧视等，为少数族裔在荷兰社会中的发展提供了支持，为促进他们的社会融合提供了帮助。[①] 直至此时，移民才摆脱掉了客籍劳工的身份，作为少数族裔被纳入荷兰的社会框架。

在教育领域，荷兰是欧盟唯一全额资助少数族群以"自己的语言和文化"实施教育的国家。由于在荷兰常规教育系统中，为移民背景子女所开设课程的费用比本土学生要高很多，因此少数族裔政策财政拨款的相当部分多被用来弥补移民儿童在常规教育体系中的欠款。同时荷兰允许在公立学校中建立少数族群班级，也允许各族群建立自己的初等和中等学校。

在文化和宗教领域，荷兰政府提倡社会文化自主，提供各种便利支持少数族裔保留和发展自己的文化。宗教方面，鼓励不同宗教群体间的对话交流，伊斯兰和印度教领袖被邀请到谈判桌上，就修建教堂、形成宗教新原则等议题进行讨论。[②]

可以说，20世纪80年代是荷兰少数族裔政策的快速发展时期，移民获得了实实在在的权力。但移民在劳动力市场参与方面改善有限，社会融入程度呈降低趋势，和主流社会文化差异日益明显。因此90年代开始，少数族裔政策开始向融合政策转变，突出强调社会经济方面的融合，强调公民的责任。1994年，荷兰内政部实施了一项融合政策，强调政府与移民之间的合作必要性，同移民群体提出同化荷兰文化的要求。1998年颁布了新移民法，要求移民必须参加政府组织的促进融合的计划。为此，荷兰政府专门设立了用于将移民"荷兰化"

---

① Guiraudon, V. , Phalet, K. , & Wal, J. T. Monitoring Ethnic Minorities in the Netherlands. *International Social Science Journal*, 1（183）, 2005, vol. 57（183）, pp. 75-87.

② 许赟:《荷兰移民融合政策变迁——从"多元文化主义"到"新同化主义"》,华东师范大学硕士论文,2010年。

的特别资金，为新来移民提供培训课程和语言课程以使其更好地融入荷兰社会，确保移民群体（伊斯兰移民群体为主）充分参与民主社会，与种族主义和歧视作斗争。

四、德国

自二战后到 20 世纪 70 年代，德国一直对移民实施外籍劳工的模式，视外籍劳工为临时居住的外国人群体，在移民融入方面长期无所作为。1973 年石油危机导致招募外籍劳工的计划停止，迫使大量外籍劳工改变自己的生活计划，开始争取家庭团聚并在德国长期定居。移民从德国社会的临时现象变为不可逆转的趋势，引发了较大的社会争论。

为应对这一局面，德国于 1978 年 12 月设立了联邦政府移民、难民与融入事务专员一职（Federal Government Commissioner for Foreigners' Affairs），意在从联邦层面统筹融入促进的各项工作。从 1980 年起，联邦内政部开始定期调查外国人群体在德国的生活状况，特别关注结构性融入情况，如外国人在劳动力市场、教育程度和职业教育等领域的分布情况是否与总人口比例相符等。[1]

随着对移民现状的承认和肯定，德国不断在政治、经济等几个方面完善法律和社会框架条件，将语言列为国家任务，制定国家融入计划，签署融入协议，要求各级政府、宗教团体、社会团体广泛参与，促进相关各方之间的对话与沟通，并推出新的融入举措，以期改善尤其是伊斯兰人口的宗教和社会政策融入，包括提高移民子女的德语语言知识和受教育程度，支持伊斯兰教神职人员接受培训之后在中小学开设宗教课，支持德国大学成立伊斯兰教研究所等。

---

① 任慧萍：《移民与融入：伊斯兰移民的融入与欧洲的文化世界》，上海：上海人民出版社，2015 年，第 42 页.

第五节　本时期欧盟多元文化教育政策的特点

一、旧的欧洲观念难以唤起新欧洲居民的认同

为加强欧洲一体化建设，欧盟在共同欧洲文化遗产的基础上提出了欧洲认同的建构问题，试图以此来强化各成员国公民对欧洲的忠诚感。欧盟官方文件的口号"多元中的统一"正是体现了欧盟决策者在一体和多元之间的极力权衡。在保持民族文化多样性的同时建构欧洲同一性，在民族认同的基础上发展欧洲认同，被认为是实现欧洲融合的必然措施和途径。① 欧洲认同和民族认同可以是一种多元中统一的关系，二者互容互补，而非互争互斥。欧洲学者乔基姆·斯彻尔德（Joachim Schild）就指出，欧盟认同、民族国家认同与地区认同可以同时存在，三种认同类似于一个同心圆：一个人可以同时把自己看作是巴伐利亚人、德国人和欧洲人。② 这一观点被后人称作"多层蛋糕模型"。这也形象表明了欧洲认同既包含"多元"，又包含"统一"，二者缺一不可。③

1973 年的《詹尼报告》提出，未来的欧共体必须要发展一种具有欧洲维度的教育。这种欧洲维度主要包括以下两个层次：一是欧洲

---

① 李晓强：《欧洲一体化背景下的欧盟教育政策研究》，北京师范大学博士论文，2006 年，第 95 页。

② 洪霞：《欧洲的灵魂：欧洲认同与民族国家的重新整合》，北京：中国大百科全书出版社，2010 年，第 34 页。

③ 李明明：《试析欧洲认同与民族认同的关系》，载《欧洲研究》2005 年第 3 期，第 89 页。

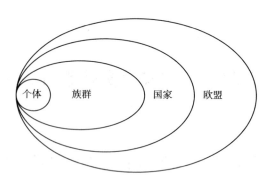

图 3-2　欧盟多重认同关系模式①

的知识，二是欧洲的情感。欧共体理事会在 1988 年通过的《关于教育的欧洲维度的决议》（On the European Dimension in Education）中对欧洲维度的目标做了正式规定：教育要增强青年的欧洲认同感，教育要加深青年对欧洲历史、文化和社会经济的了解；教育要使欧洲青年为未来参加共同体的经济和社会生活做好准备；教育要使青年认同国际合作，了解欧共体面临的挑战。②

　　除了在教育和文化方面的相关活动，在社会层面上，通过各种举措增强公民对于欧盟的归属感，如通过使用欧盟标志，设立欧盟日，通过欧元及欧盟的对外宣传口号"多元中的统一"，以激发欧洲人共同的想象，培养欧盟公民的欧洲认同意识。

　　然而，欧盟的多元文化构成复杂，不仅包含各成员国的自文化，还涵盖了庞大的移民群体文化和散居民族文化。在如此多元的公民构成面前，欧盟仅仅通过寄托于欧洲往昔光辉的欧洲认同，很难在移民群体中产生共鸣。

　　以欧盟的盟旗为例。蓝色为底色的旗子中间是由 12 颗金色的星

---

① 　基于詹姆斯·班克斯的文化认同关系图绘制。

② 　Council of the European Union. Resolution of the Council and the Ministers of Education Meeting within the Council on the European Dimension in Education of 24 May 1988, *Official Journal of the European Communities*, C177/5, 2019-4-30.

星环绕而成的一个圆。欧盟委员会这样解释盟旗的文化含义："十二是完美和丰饶的象征，使我们同时联想起《圣经》中的十二门徒，雅各（《旧约圣经》中的人物）的十二个儿子，罗马的十二铜表，赫拉克勒斯（古希腊神话中的大力神）的十二功绩，一天的十二小时，一年的十二月。"① 虽然这一文化解读强调了希腊文明、罗马法律和基督教文化在欧洲文化认同中的重要地位，但仅凭对昔日文明的追忆还是远远不够的。

在经济不景气，备受本地人排挤、歧视的情况下，所谓的欧洲观念对于移民劳工或者对经济前景失望的欧洲人来说又有什么意义呢？在这种背景下，欧盟的多元文化政策如果仅依赖于过去欧洲大陆居民的共享文化认同观念，可能无法有效解决当前的挑战，从而导致政策效果不尽如人意。

二、本土文化和移民文化的不平等对待

与此同时，这种基于共同历史文化的认同理念也影响了多元文化教育在欧洲的开展。欧盟将建立欧洲认同的大业寄希望于辉煌的欧洲文明之上，但对其他外来文化却缺乏足够的尊重和重视。对涉及本土的多样文化，欧盟一律大力提倡大加保护，而对涉及外来移民群体的文化则是蜻蜓点水，敷衍了事。

以欧盟的语言政策为例，对比《外来移民后代母语教育合作计划》和《区域或少数民族语言援助计划》就能发现，针对移民的母语教育计划，欧盟仅仅是号召成员国对移民子女的母语教育问题加以重视，但具体学费均由东道国提供，欧盟只是口头督促而已。而针对境内区域或少数民族语言援助计划，欧盟从1983年到1997年的资金援助超过2800万欧元。从这种差别性对待足以看出欧盟对欧洲本土少

---

① Shore, Cris. *Building Europe：The Cultural Politics of European Integration.* London and New York：Routledge，2000，p. 47.

数民族语言的保护和对外来移民语言的不重视，足以显示欧洲社会在多元性问题上的厚此薄彼和主客心理，在积极接纳、保护欧洲境内少数民族群体的同时，外来移民被视为欧洲的暂居客和他者。

虽然欧盟多元文化教育积极支持文化多样性，但是实质上仍然视移民群体的文化为外来文化，视其为一种和"欧洲文化"相隔离的存在，认为两种文化之间互相独立，互不干预。对于同源的欧洲本土文化多样性的保护，欧洲人态度比较积极，而对待移民文化则不尽然。可以说，欧盟为本土欧洲公民和外来移民所提供的多元文化教育本质上是不一样的，这种差异也为"欧洲多元文化"招来恶名，被归咎为导致种族矛盾的一个原因。

三、多元文化教育在欧洲的嫁接生长

"移民及移民后代与主体民族共同生活在公共领域内，具有共同的社会规范和价值观。各个族群都享有平等的就业、住房、教育、医疗卫生和福利待遇，在法律面前人人平等，在私人领域可以拥有独特的信仰、价值观、宗教和语言等。不同族群生活在一起，但又存在差异。"这种观点在 90 年代的欧洲具有很大的社会影响力，推动了这一时期大部分西欧国家的移民治理政策向多元文化主义转变。

然而，纵观这一时期欧盟及成员国的多元文化教育举措，可以看出多元文化主义被简化为对民族文化多样性的积极支持，将多元文化简化为民族服饰、食物和音乐的展示（如雅思明·布朗所说的 3S 模式，Saris，Samosas，and Steel Bands），[①] 忽视了宗教和文化价值差异所带来的挑战，缺乏真正的文化适应和融合，从而未能实质性地推进多元文化政策。

与此同时，由于欧盟自身对于成员国的有限影响力，各国多元文

---

① Alibhai-Brown，Yasmin. After Multiculturalism. *Political Quarterly*，2001，72（s1），pp. 47-56.

化教育的实施程度难以保证。这时欧洲的多元文化教育呈现出一种"双轨战略"：一方面是欧盟的文化平等、反歧视呼召，另一方面是各成员国的自主规划；一方面在政策上呼吁要促进移民子女在东道国学校的融合，另一方面也继续维持着移民子女与其母语和文化上的关联，希望这些移民有朝一日会离开欧洲，回到自己的母国。因此虽然多元文化教育积极支持欧洲本土的文化多样性，但是实质上仍然视移民群体的文化为外来文化，是一种和"欧洲文化"相隔离的存在，彼此之间互相独立，互不干预，甚至被戏称为"栅栏式"多元文化政策。而这一时期过于强调不同文化之间的差异的做法反而导致了现实层面的"种族主义"，移民、少数族裔的歧视和不公平对待依然存在。更有批评者指出，欧洲的多元文化教育引导少数族群只注意文化现象而不注意政治、经济权利，其政策成为政府开出的空头精神支票，并没有给予少数族群多少实际的支持和帮助，相反还削弱了少数族群的政治权利和社会影响。[①]

本时期多元与一体的关系：这一阶段欧盟的一体化进程有了很大程度的进展，各成员国之间不仅经济上关系更加紧密，政治、文化上也朝着一体化的方向努力。通过欧盟行动计划对欧洲维度教育政策的推广，欧盟各成员国之间的文化交流合作逐步增多，形成一个欧洲教育区域，从这个层面上多元和一体在一定程度上得以体现。但共享共同文化以期构建欧洲认同的设想并没有收到预期的效果。欧盟对待移民教育的政策和措施不够到位，各成员国对待多元文化教育（主要是移民教育）态度各异，做法不一，为以后的混乱局面埋下了伏笔。

---

① 张家军：《国外的多元文化教育研究及面临的问题》，载《教育与教学研究》2011年第2期，第7-11页。

第四章 多元一体的冲突：
欧盟多元文化教育的困境期
（2000 年至 2010 年左右）

第一节 社会历史背景：面临多重挑战

一、全球化带来的挑战

20 世纪的欧洲饱受两次世界大战的重创，并经历了艰难的战后经济复苏。到了 21 世纪，世界政治格局和经济形势已发生重大变化，"一超多强"的新政治格局逐渐形成，即美国成为唯一的超级大国，欧盟、俄罗斯、日本、中国等政治体实力显著增强。全球化在 21 世纪成为显著的发展趋势。这一进程最初从经济领域起步，随后扩展至政治、文化、社会等各个方面。正如托马斯·弗里德曼（Thomas L. Friedman）所言，世界变得越来越平坦，越来越多的人获得了交流、竞争和合作的工具与能力。[①]

① ［美］托马斯·弗里德曼：《世界是平的：21 世纪简史》，何帆、肖莹莹、郝正非译，长沙：湖南科学技术出版社，2008 年，第 7 页。

全球化带来的一个显著结果是人口流动性的显著增强。人们为了更好的就业机会和更高的生活水平而更加频繁地迁移。全球经济的增长、贸易壁垒的减少以及经济联盟的形成，推动了国际劳动力市场的流动。然而，这一进程也带来了深远的挑战。哈贝马斯认为，全球化是一种跨越国界的密集通信和贸易互动过程，它打破了国家、家庭和人与人之间的隔阂，形成了畅通无阻的交流网络，缩短了人们的交往距离，加快了文化传播的速度。但这种跨文化的交流和融合在促进多样性的同时，也对欧洲的文化认同构成了严峻的挑战。

随着不同文化的碰撞、交流与吸收，传统的欧洲文化面临着被稀释或重新定义的压力，维护欧洲文化认同的任务因此变得愈加复杂和艰难。全球化加速了文化的传播与融合，尤其是以美国为主导的文化产品，如好莱坞电影、流行音乐和快餐文化，迅速在全球范围内扩张。美国的文化符号、意识形态、价值观和生活方式在全球范围内的蔓延，对欧洲的传统文化施加了显著的压力。随着全球化进程的深入，欧洲各国的本土文化、语言和传统不断受到侵蚀，历史、传统和价值观在全球化的冲击下逐渐模糊，欧洲社会的凝聚力和文化多样性面临前所未有的挑战。

二、欧盟东扩带来的认同挑战

随着历次机构改革的推进，欧盟的一体化进程逐步深化。2004 年 5 月 1 日，欧盟迎来波兰、匈牙利、捷克、斯洛文尼亚、斯洛伐克、爱沙尼亚、立陶宛、拉脱维亚、塞浦路斯、马耳他共十个国家的正式加入，其成员国扩大到二十五国。至 2013 年，保加利亚、罗马尼亚、克罗地亚的加入使欧盟成员国增至二十八国。东扩后，欧盟成为一个横跨东西欧的二十八国联盟，总面积达到 432.2 万平方公里，总人口约 5 亿，生产总值 14.5 万亿欧元，贸易额占比全球的 20%（以 2014

年1月的数据为基准)。①

东扩为欧洲经济带来了新的发展的动力。它扫除贸易壁垒，成功建立了世界最大的单一市场。这不仅是地域上的扩张，更是欧盟价值观念的弘扬和拓展，进一步提升了欧盟在国际关系中的战略地位。

然而，欧盟的扩张虽然带来了前所未有的机遇，但也带来了不可忽视的挑战。之前的欧盟成员国主要来自西欧，这些国家的生产力水平相对接近，政治文化形态也基本相似。然而，即便如此，各国根深蒂固的民族主义观念依然十分强烈。如今，东欧国家的加入使得欧洲认同的构建变得更加困难。贫富差距、文化语言和历史传统等方面的差异，使联盟成员国之间的矛盾更加尖锐，民众对欧洲认同的感受显著减弱。2005年，法国和荷兰这两个欧盟创始国在全民公决中相继高票否决了《欧盟宪法条约》（Treaty Establishing a Constitution for Europe），使欧盟面临前所未有的信任危机。

东扩之后，在现代交通、电子通信提供的便捷条件下，移民也不再是从一个国家到另一个国家的单向运动，而是可以在多个国家之间循环往复。这种新形势意味着移民可以在几个国家内旅行、工作，甚至同时居住在多个国家。这些社会发展趋势使得欧盟不仅要关注本地社会群体之间的多样性和差异性，更需要重视移民文化的和谐共存，新时代的欧盟多元文化教育面临着更大的复杂性和挑战。

三、移民争议升级引发对多元文化政策的质疑

20世纪70年代的石油危机对欧盟造成巨大影响，欧洲经济发展开始停滞不前，失业人数急剧增加。当经济陷入衰退，越来越多的欧洲民众需要社会福利体系的救助时，他们开始意识到，一直以来引以为傲的社会福利体系惠及最多的竟然是外来移民。这些移民大多是二

---

① European Union. Key figures on Europe(2015). Luxembourg:Publications Office of the European Union,2015.

战后来到欧洲，参与了战后经济建设。随着20世纪六七十年代欧洲民权主义运动的兴起和人权思想的迅速发展，合法居留的外来移民享有了与本地国民相同的社会福利。然而，这些移民大多从事中低端行业，对社会福利体系的贡献有限，但由于他们失业率较高，因此对欧洲社会福利的使用率也就更高。部分族裔移民就业率低、生育率高，使得他们及其家庭成员被视为欧洲社会福利体系中只享受不贡献的寄生群体。

西欧是现代国家福利制度的发源地，瑞典、挪威、丹麦等欧洲国家被认为拥有世界上最优越的社会福利体系。① 当初欧洲的社会福利体系是以公民的高额纳税为基础的。公民之所以愿意这样做的前提之一是福利体系"可以帮助那些和自己一样的人，那些是同胞，享有同样文化遗产、同样价值观念的共同体成员"。然而，当这些福利被用于救助来自异文化背景的移民时，部分民众开始产生排斥情绪。他们凭什么要去救助其他来自异文化的移民呢？这样的情绪加剧了欧盟本已经面临的信任危机。②

与此同时，随着外来移民人口的增多，多元文化主义政策在解决文化、价值观、宗教信仰等方面的差异时逐渐显得力不从心。外来移民与本土居民之间的冲突愈发频繁。2001年，美国发生了震惊世界的"9.11"事件，恐怖主义的影响力由此迅速在全球蔓延。2001年，英格兰布拉德福德发生了大规模种族骚乱；2005年，法国郊区的马格里布穆斯林社区爆发了长达二十天的社会骚乱；2006年，丹麦某报发表了侮辱伊斯兰教先知穆罕默德的照片，引发出所谓的"卡通危机"。与此同时，欧洲的极端右翼政客，如荷兰的盖尔特·怀尔德斯（Geert Wilders）以及意大利北部联盟政党甚至利用国民对"穆斯林"或

① ［英］安东尼·吉登斯：《全球时代的欧洲》，潘华凌译，上海：上海译文出版社，2015年，第1页。
② 张亮：《欧洲多元文化主义的危机及其理论启示：从中国的视角看》，载《探索与争鸣》2017年第12期，第140-146页。

"移民"的恐惧来争取选票，欧洲境内的恐穆斯林情绪已达到白
热化。[①]

移民冲突的升级导致欧洲大部分国家开始质疑多元文化政策，认
为其不利于社会凝聚力的形成。许多欧洲国家的领导人纷纷宣告多元
文化政策失败。这一"失败论"引发了公众舆论的恶化，在这种政治
气候下，多元文化主义被视为移民融合、难民危机以及经济变革等社
会问题的替罪羊，并逐渐从欧盟政策文本中消失。

第二节　本时期欧盟及国际法律公约
对文化教育的原则性规定

一、欧盟基本公约及法规

（一）《种族平等指令》
Racial Equality Directive，2000

1999 年 11 月 25 日，欧盟委员会提出《种族平等指令》的立法动
议。《种族平等指令》规定了禁止种族歧视的最小框架，并且建立了
对遭受歧视民众的最低水平法律保护。它界定了非法歧视的含义及欧
盟内通行的最低水平法律救济，于 2000 年 6 月 29 日通过。

《种族平等指令》确立了"不论种族或人种均给予同等对待"的
平等原则。它界定了平等待遇、直接歧视、间接歧视等关键概念，并

---

① Triandafyllidou，A. Addressing Cultural，Ethnic & Religious Diversity Challen-
ges in Europe：A Comparative Overview of 15 European Countries. Florence：European U-
niversity Institute，2011，p. 21.

对其使用范围进行了规定，包括就业、职业培训、教育等多个领域。另外，《种族平等指令》还解决了"哥本哈根入盟标准"存在的双规问题，[1] 被视为欧盟打击种族主义、反歧视法发展的里程碑。

（二）《欧盟宪法条约》
Treaty Establishing a Constitution for Europe，2004

领土范围上的扩张，并不能消除欧盟内部深层次的结构问题。欧洲一体化从一开始就是由精英发起的，具有明显的精英色彩，因此缺乏广泛的欧洲民众基础。而欧洲一体化的初期功能主义路径选择虽然有助于实现经济一体化，但在政治、文化等领域效力其实非常有限，因为这些领域的一体化主要是以人为主体，更多是需要人们的认同与信念，而不仅仅是物质利益的驱动。[2]

为了进一步深化欧盟机构改革，赋予欧盟以法律人格，欧盟从2002年正式开始了制宪进程。经过一年多的努力，宪法条约草案于2003年7月准备就绪。2004年10月29日，已扩大为二十五国的欧洲联盟的各成员国首脑在意大利首都罗马签署了《欧洲宪法条约》。该条约在随后法国、荷兰的公投中遭到否决，欧盟制宪遭遇危机。虽然欧盟的制宪遭遇了一波三折，但最终随着2009年《里斯本条约》的签署得到了解决。

《欧盟宪法条约》的序言中这样写道：受欧洲文化传统、宗教传统和人文主义大师们的思想启发，高举自由、民主、平等和法治等普世价值观，欧盟愿意为包括最弱势者和最贫困者在内的所有居民的幸福而努力，愿意成为拥抱文化、知识和社会进步的大陆，愿意以民

---

① Toggenburg，Gabriel. The Racial Equality Directive：A New Dimension in the Fight Against Ethnic Discrimination in Europe，*European Yearbook of Minority Issues*，2001，p. 238.

② 李娟：《欧洲一体化中少数人语言权保护问题研究》，山东大学博士论文，2015年。

主、透明的政治为世界和平、正义和团结做出努力。坚信"多样性中的统一",努力打造一个多元化、非歧视、宽容、正义、平等、休戚与共的欧洲社会。

《欧盟宪法条约》对欧盟在关税同盟、内部市场、统一货币、共同贸易、共同外交与安全政策方面赋予了法律权限,在教育、文化方面,欧盟有权采取支持、协调或补充行动,即软性治理权。

在基本权利部分,《欧盟宪法条约》明确规定:公民有信仰自由和宗教自由(第二编第七十条),有受教育、参加职业培训和再培训的自由;父母有权按照自己的宗教信仰、哲学信念为其子女提供相应的教育和教导。

《欧盟宪法条约》明确禁止任何基于种族、性别、肤色、民族或社会出身、遗传特点、语言、宗教或信仰、政治见解、财产、残疾、年龄或性取向的歧视。禁止基于国籍的歧视。(第三编第八十一条)欧盟尊重文化、宗教和语言的不同性。(第三编第八十二条)同时对男女平等、儿童、老年人及残疾人的权利也做出了相应规定(第三编第八十三条至八十六条)。①

(三)《里斯本条约》

Treaty of Lisbon,2009

欧洲是一个由不同民族和地区的认同形式、多方面的历史传统、各种语言以及文化价值组成的马赛克拼板。因此,在欧盟宪法制定的过程中,始终沿着两条主轴线界定欧洲认同:一方面,通过共同的政治价值观来建立统一的规范框架;另一方面,在这个框架内赋予文化多样性至关重要的地位。

2004年10月,欧盟二十五国首脑齐聚意大利首都罗马,共同签

---

① 欧共体官方出版局编:《欧洲联盟法典》(第三卷),苏明忠译,北京:国际文化出版公司,2005年。

署了《欧盟宪法条约》。这是欧盟的第一部宪法条约，旨在保证欧盟的有效运作以及欧洲一体化进程的顺利发展。根据规定，《欧盟宪法条约》将在所有成员国批准后，于2006年11月1日正式生效。然而令人意想不到的是，法国和荷兰2005年先后在全民公决中否决了《欧盟宪法条约》，使这部被寄予厚望的宪法条约一时间陷入困境。为了加强东扩之后联盟的效率与民主以及提高欧盟对外行动中的一致性，欧盟领导人在2007年6月21日至22日的峰会上确定了解决宪法批准危机的方案，即起草一个修改现行诸条约的"改革条约"，以代替《欧洲宪法条约》。同年10月18日，欧盟非正式首脑会议在葡萄牙首都里斯本召开，这一次，欧盟各成员国政府领导人终于就"改革条约文本"达成一致，该条约也因此被称为《里斯本条约》。经过两年多的努力，在经历爱尔兰公投否决风波之后，《里斯本条约》终于获得所有成员国的支持，于2009年12月1日正式生效。[1]

《里斯本条约》采取的是欧盟传统的修订条约的方式，由《欧洲联盟条约》（Treaty on European Union）与《欧洲联盟运行条约》（The Treaty on the Functioning of the European Union）两部分组成。《里斯本条约》确立了欧盟在教育领域的权能，明确了教育在社会保障中的地位，规定了欧盟在保护受教育权方面可以采取的手段，从根本上为保护国际移民的受教育权提供了法律依据。根据《里斯本条约》，生活在欧盟成员国的第三国长期移民，在教育、住行和就业等各领域应享有与欧盟公民尽可能一致的权利。欧盟境内合法居民，即任何短期或长期居住在欧盟境内的人，虽然不是公民，也应当受到成员国国家和欧盟法律的保护。[2]

---

[1] 戴炳然：《解读〈里斯本条约〉》，载《欧洲研究》2008年第2期，第53-65页。

[2] 程卫东、李靖堃：《欧洲联盟基础条约：经〈里斯本条约〉修订》，北京：社会科学文献出版社，2010年。

二、国际法律公约

（一）联合国教科文组织《达喀尔行动纲领》
Dakar Framework for Action，2000

1990 年联合国发布的《世界全民教育宣言》（World Declaration on Education For All）制定了到 2000 年完成普及初等教育、扫除大幅文盲的目标。但直至 2000 年，世界上依然有很多处境不利群体面临着失业、边缘化的危险，无法实现这个目标。为了帮助这些处于不利环境的多元文化群体接受教育以应对世界的变化，2000 年，联合国教科文组织发布《达喀尔行动纲领》，针对边缘群体提出改善学前教育、普及初等教育、满足学习需求、扫除一半文盲、实现性别教育平等、提升教育质量等六大目标。[①]《达喀尔行动纲领》聚焦处境不利群体、边缘群体、少数民族群体，对多元文化群体的教育发展意义重大。

（二）联合国教科文组织《世界文化多样性宣言》
The Universal Declaration on Cultural Diversity，2001

20 世纪 90 年代以前，联合国的教育政策中虽多次提及对多族群文化的重视与尊重，但多元文化的理念尚未系统化和概念化。直到 90 年代中期，联合国教科文组织在其公布的一份题为《多元文化主义——应对多样性的新政策》（Multiculturalism：A New Policy to Address Diversity）的文件中，首次对多元文化主义进行了界定，认为"多元文化主义是一种针对文化与社会多样性的民主的政策反应"，它能够系统而又全面地应对文化与族群多样性，内容涉及教育、语言、经济、社会等各个方面。

---

① UNESCO. The Dakar Framework for Action, the World Education Forum, Dakar, 2000-4-26/27/28.

　　2001 年，联合国教科文组织第 31 届大会上发布了《世界文化多样性宣言》，指出："当今社会日益走向多样化、多元化，确保具有多元、多样和动态的文化身份的人生活在一起，和睦相处、和谐互动，对维护世界和平，保持公民社会活力，增强社会凝聚力意义重大。文化多元化是民主制度中不可分割的一部分，它能促进文化交流，有利于公民创造性能力的发挥。"《世界文化多样性宣言》不仅明确了文化多样性作为人类共同遗产的价值，也提出了保护和促进文化多样性的具体原则和措施，为全球文化政策制定提供了重要的参照。①

第三节　确立教育战略目标，促进文化合作交流

　　新世纪信息技术的迅猛发展和国际市场竞争的加剧促使欧盟认识到必须进行经济和社会改革，以提升全球竞争力和创新能力。为应对全球化和技术革新带来的挑战，解决内部经济增长缓慢和竞争力不足的问题，欧盟于 2000 年 3 月在葡萄牙首都里斯本召开会议，确定了《里斯本战略》。该战略设定了未来十年的目标，即将欧盟建设成为"全球最具竞争力和最具活力的知识经济体，实现可持续经济增长，创造更多和更好的就业机会，并提高社会凝聚力"。通过这一战略的确定，教育被赋予了新的重要角色，成为推动欧洲经济改革和社会融合的关键途径。

　　2001 年欧盟启动了"教育和培训 2010 计划"（Education and Training in Europe：Diverse Systems，Shared Goals for 2010，简称 ET2010），

---

　　①　Katérina Stenou.（ed.）UNESCO Universal Declaration on Cultural Diversity. Paris：the United Nations Educational，2002.

该计划是欧盟为实现里斯本战略目标而制定的一系列工作计划的总称，是各成员国在教育和培训领域里的重要的政策合作框架。该计划基于各国达成的共同目标、指标和基准，鼓励各国相互交流经验和学习，推广最佳实践。

2001 年 2 月 12 日，欧盟教育部长理事会通过了《教育和培训系统具体的未来目标》（The Concrete Future Objectives of Education and Training Systems），确立了教育和培训发展的三大战略目标：大力提高欧盟教育和培训的质量和效能，扩大全民受教育和培训的机会，使欧盟的教育和培训体系更加开放于全球。这些目标成为新世纪欧盟教育和培训的核心关注点，并推动了一系列创新性教育政策和举措的出台。①

一、《终身学习整体行动计划 2007—2013》
Lifelong Learning Programme，2007—2013

欧盟的终身学习策略始于 2000 年的里斯本高峰会议。在这次会议上，欧盟各国首脑一致认为提高欧洲人口素质是欧洲经济繁荣和社会稳定的先决条件，是欧洲思想持续影响世界的重要因素，而教育则是实现这一目标的关键。峰会后不久，欧盟委员会就发布了《欧盟终身学习备忘录》（A Memorandum on Lifelong Learning），确立了终身学习策略。

2006 年，欧盟将终身学习确定为新时期重要发展策略目标，终身学习策略成为欧盟应对全球化挑战、解决欧洲内部多样化矛盾的关键。终身学习倡导人一生的各个阶段都需要教育，其过程应深入社会生活的方方面面，通过最大化地发挥人的潜能，促进个人和社会的均

---

① European Union Education Council. The Concrete Future Objectives of Education and Training Systems. Report from the Education Council to the European Council. Brussels：European Commission，2001.

衡全面发展。终身学习策略不仅要求社会成员拥有专业能力和技能以适应工作，同时还要求他们具备适应社会的重要素质。①

欧洲社会中存在大量由于个人、社会、文化和经济等因素深陷弱势困境的群体，该类群体包括低技能工人、长期失业者、早期辍学者、移民、老人和残疾人等。终身学习政策有望给这些群体提供平等、开放的教育机会，充分激发和发掘他们的教育潜力，帮助他们实现个人的发展与提高，最终促进欧洲经济的繁荣。2006 年底，欧盟部长理事会上正式推出《终身教育整体行动计划》（Lifelong Learning Programme，2007—2013），从 2007 年开始实施至 2013 年结束，一共为期七年。② 此教育计划涵盖了各类教育，所有教育阶段的项目都被整合其中，包括之前的夸美纽斯项目、伊拉斯谟项目、达·芬奇计划等。

与此同时，欧盟还发布了一系列相关教育报告。2006 年发布的《成人学习：学习永不会晚》（Adult Learning：It is Never Too Late to Learn），号召加强对老年群体和移民群体的教育投资。特别是针对移民群体，报告要求成员国充分发掘他们的潜能，支持周边国家的教育项目和已有培训项目的互认，承认既往获得的技能，提供开放高效的学习机会，帮助移民群体快速融入社会。③ 2007 年 9 月欧盟又发布名为《皆是学习好时机》（It Is Always a Good Time to Learn）的报告，再次要求各成员国重视弱势成人群体的特殊需求，可利用当地学习中心、非政府组织、工作场所，结合在线学习，为学习者提供灵活、差异化的学习方式和场地，支持灵活多样的学习成果评估及认证渠道，

---

① 叶小敏：《基于终身教育视角的欧盟核心素养框架分析》，载《江苏教育研究》2019 年第 10 期，第 5 页。

② European Parliament and the Council of the European Union. Decision No. 1720/2006/EC of 15 November 2006 Establishing an Action Programme in the Field of Lifelong Learning，L327. *Official Journal of the European Union*，2006.

③ European Commission. Adult Learning：It Is Never Too Late to Learn. Commission of the European Communities，2006，https：//eur - lex. europa. eu/legal - content/EN/TXT/PDF/？uri＝CELEX：52006DC0614 & rid＝14. 2019-11-6. 2019 年 11 月 6 日。

为学习者免费提供高质量的终身学习信息和指导服务。在高等教育方面，欧盟提倡扩大高等教育的入学路径以便获取更高等级的资格；设立以需求为驱动的金融机制（如开设个人学习账户，提供优惠财税政策，由公共保障机制提供贷款等）以解除资金困难，鼓励支持全日制学习或在职学习。①

欧盟终身学习战略的提出，旨在提高个人的知识技能、职业能力、创新能力以及社交能力，希望通过充分发掘个人潜能，实现欧洲经济的转型和增长，确保其在激烈的全球竞争中立于不败之地。欧盟意识到教育在保持和繁荣欧洲共同文化方面的重要作用，尤其是在应对欧洲社会文化多样性挑战方面。② 同时，欧盟也认识到，在全球化和文化多样化的双重挑战面前，传统教育模式远远不够。因此，终身学习策略成为发挥个人创造性、充分开发人力资源、增强欧盟经济发展活力的重要途径。一般来说，传统教育模式是从社会角度出发的战略选择，是一种自上而下的过程，而终身学习策略则是从学习者的角度出发，充分发挥学习者的主观能动性，将教育变成为每个学习者量身打造的私人订制。终身学习策略以学习来切中当代教育的实质，凝炼教育活动的要素，引领教育发展的方向，这一转变被有些学者称之为教育学习化。③

对于欧洲的移民群体和少数族群来说，终身学习策略可以打破由经济贫困形成的障碍，保障人人都可获得高质量的教育，使他们不必一直从事技术含量低、替代性强的工作。终身教育对多元文化群体来说是教育公平的保证，从欧盟整体发展来看，也是实现欧洲整合的独特手段。

---

① EUROSTAT. Key Figures on Europe-2015 Edition. Luxembourg: Publications Office of the European Union, 2015.

② 孙翔宇:《从终身学习的角度看欧盟核心素养的提出》,载《新课程(下)》2016 年第 6 期,第 102 页。

③ 蒋瑾:《欧洲青年跨文化能力培养的战略研究》,华东师范大学博士论文,2017 年。

二、《促进语言学习和语言多样性行动计划 2004—2006》

Promoting Language Learning and Linguistic Diversity: An Action Plan 2004—2006

东欧剧变、欧盟东扩给欧盟多语言政策带来了挑战。如何在保持语言多样性的同时消除民族隔阂，如何在一体化的过程中保持多种语言，同时促进文化间交流、增强欧洲社会凝聚力，成为欧盟多语言政策的探索重点。欧盟一向以"多语"作为自身特点，自成立以来就一直重视语言政策。早在 1981 年欧盟就提出《区域或少数民族语言援助计划》，旨在保护欧洲共同文化遗产，挽救欧洲濒危语言，对相关语言学习和培训进行资助，举办多语言交流活动等。而 1989 年实施的"多语言计划"，即灵格尔计划（Lingua Program）是欧盟促进语言多样性和语言学习的首个综合性项目。该行动计划以推行欧盟官方语言为主，以项目资助的形式鼓励欧盟境内的语言教育、语言培训及语言学习。①

2001 年联合国教科文组织通过了《世界文化多样性宣言》，将文化多样性的重要性推向极高的位置。文化多样性被视为人类的共同遗产和人类社会无比珍贵的财富，是社会进步和繁荣的必要条件。而从成立之日起就一直推行"多元中的统一"宗旨的欧盟，更是在 2000 年通过的《基本权利宪章》中明确规定要尊重语言、文化及宗教多样性（第 22 条），将多样性的保护植根于法律之中。② 语言的多样平等原则在 2002 年欧盟关于促进语言多样性及语言学习的决议中得到进一步诠释，即从文化视角看，所有欧洲语言有着平等的价值和尊严，

---

① Phillipson, Robert. Language Policy and Education in the European Union. In May, S. & Hornberger, N. H. (eds), *Encyclopedia of Language and Education*, vol. 1. Boston: Springer, 2008, pp. 255–265.

② 欧共体官方出版局编：《欧洲联盟法典》（第三卷），苏明忠译，北京：国际文化出版公司，2005 年，第 165 页。

都是欧洲文化和文明不可缺少的组成部分。①

欧盟委员会于 2003 年通过"促进语言学习和语言多样性行动计划"（Promoting Language Learning and Linguistic Diversity：An Action Plan 2004—2006），执行期为三年。计划针对欧洲语言学习做出以下建议：建立一个涵盖从学前教育到成人教育的终身化语言学习机制；创造轻松友好的语言教育环境；改进语言教学方法。2005 年，欧盟执委会通过首个多语政策报告《多语主义新架构策略》（A New Framework Strategy for Multilingualism），再度重申在欧盟境内发展多语主义的承诺。相较之前的空泛目标，《多语主义新架构策略》报告建立起一整套行动框架，给出具体行动方案，旨在利用各种教育体系发展多语言能力，"推动欧盟多语全盘行动"和"建立新框架，以期使多语主义成为真正的跨界政策。"②

（一）多语言政策对欧洲公民身份的打造

掌握多种语言不仅可以促进欧盟公民互相沟通交流，而且也为公民实现跨国自由择业与生活创造条件。1998 年，欧洲委员会提出"语言学习与欧洲公民身份"的跨世纪计划，强调"必须坚持语言多元化政策"，语言多样性已经成为欧洲公民身份的关键属性。③

为了进一步推广多语言政策和鼓励公民的语言学习，在联合国教科文组织的帮助与支持下，欧盟与欧洲委员会将 2001 年定为"欧洲语言年"（EYL，European Year of Languages，2001），并将每年的 9 月

---

① 戴曼纯：《欧盟多语制与机构语言政策》，载《语言政策与规划研究》2017 年第 1 期，第 1-11 页,91 页。

② Commission of the European Communities. Communication from the Commission to the Council,the European Parliament,the European Economic and Social Committee and the Committee of the Regions-A New Framework Strategy for Multilingualism, COM(2005) 596 final. Brussels,2005-11-22.

③ 傅荣、王克非：《欧盟语言多元化政策及相关外语教育政策分析》，载《外语教学与研究》2008 年第 1 期，第 14-19 页。

26 日定为"欧洲语言日"，每年这一天，欧盟会组织各种庆祝活动让民众感受到欧洲丰富多样的语言财富，唤起欧洲民众对语言学习的热情和重视，将多语言教育看成建设民主、宽容和开放欧洲的重要手段。

2001 年，《欧洲语言共同参照框架》（Common European Framework of Reference，简称 CEFR）由欧洲委员会语言政策司重磅发布。该参照框架作为促进多元语言能力的政策工具，不仅为语言教学大纲的开发、教材编写、课程设置及外语水平评价提供了一个明确、连贯的基本原则，同时也通过出台统一的语言水平标准，促进了人们对多元语言能力的理解，使多元语言能力既成为欧洲教育的目标，也成为欧洲的核心价值与核心认同。为了帮助成员国更好地落实语言教学策略计划，语言政策司在 2003 年发布了另一个框架性文件《从语言多样性到多语教育——欧洲语言教育政策开发指南》（From Linguistic Diversity to Plurilingual Education：Guide for the Development of Language Education Policies in Europe），为成员国研究与实施语言教育政策，推动语言多样性和多元语言能力，增强欧洲社会凝聚力提供可参照的具体分析工具。跨文化和多语言能力不仅仅成为欧洲公民身份的关键，同时也成为全球市场竞争中求职者的必备条件。①

（二）多语言政策对交流融合的促进

人类文化行为的发生大多建立在语言基础之上。从本质上来看，语言不仅是一种工具，也是人类理解世界的一种文化活动。作为文化的载体，语言能够展现一个国家、一个民族所特有的价值观和思维习惯，是国家和民族间互相了解的途径。习得了某种语言，就意味着拥有了进入某一民族文化的钥匙。此外，语言还有整合社会关系的作用，是人们得以连接成为一定社会群体的必要手段，其社会集约性可

---

① Council of Europe. From Linguistic Diversity to Plurilingual Education：Guide for the Development of Language Education Policies in Europe. Strasbourg：Language Policy Division of the Council of Europe，2007.

以构筑起强大的凝聚力。

2004 年欧盟东扩，10 个新加入的成员国也带来了新的语言问题。随着成员国数量的增加，语言及语言沟通的重要性更加凸显。欧盟在此方面做出的多种努力也有目共睹，欧盟的官方文件有二十多种语言的翻译版本，欧洲议会的新闻发言人可以使用其中任何一种官方语言发布消息。

2008 年 9 月 18 日，欧盟执委会通过一份名为《多语主义：欧洲的共同财富和义务》（Multilingualism：An Asset for Europe and a Shared Commitment）的报告，报告中建议要进一步推广多语言政策，利用好多种语言这一欧洲财富，大力推进 "一门母语+两门外语" 的三语学习原则，促进欧洲社会实现 "多元中统一"，通过教育使语言多样性从交际障碍变为人们相互丰富、相互理解的源泉。① 同年，欧洲委员会也在其发布的《跨文化对话 2008 白皮书》（White Paper on Intercultural Dialogue）中提到：语言是了解其他民族的关键，每次习得一种新的语言都有利于个人跨文化能力的建构，都是在学习和理解与该语言相关联的文化，因此培养欧洲公民的多语言能力有利于构建一个共享多样文化财富、彼此互相理解尊重的欧洲社会。② 多语言能力也被看作和平解决族群矛盾的最有潜力的武器。

成为一个尊重人的价值的大陆，成为一个崇尚自由、稳定和多样性的所在是欧盟未来努力的方向。《欧盟基本权利宪章》中所提出的尊重文化和语言多样性的原则体现了欧盟官方对语言、文化多样性的尊重态度，这在任何一个国际组织或区域性国际组织都是从未有过

---

① Commission of the European Communities. Communication From the Commission to the European Parliament, the Council, the European Economic and Social Committee and the Committee of the Regions-Multilingualism: An Asset for Europe and a Shared Commitment, COM(2008) 566 final. Brussels, 2008-9-18.

② Council of Europe. White Paper on Intercultural Dialogue: "Living Together As Equals in Dignity". Strasbourg, 2008-5-7.

的。通过多语政策，欧洲公民的集体认同意识得到了强化，少数民族语言权利得到了保护。尽管多语政策是非规范性政策，但这些指导性政策在分享语言教育经验、支持跨文化对话和促进社会融合方面在欧洲各国影响巨大。① 欧盟多国事务语言专员奥尔本（Leonard Orban）在 2009 年多语言平台启动仪式上曾这样说道："我们应该利用语言多样性为欧洲带来好处，形成一种多语言的文化，一种开放和宽容的社会文化。这对于欧洲乃至整个世界都是至关重要的。任何对未来世界的现实国际视野都必须建立在对不同文化的接受和欣赏上，而语言则是所有文化的核心。"②

三、欧盟教育质量标准的建立

提高教育质量是欧盟重要的政策目标。始于 1995 年的苏格拉底项目就以改进欧洲教育质量为关键目标之一。在苏格拉底项目的资助下，1997—1998 年欧盟立项对 101 所中学的教育质量进行了研究和评价。基于试点项目的研究结果，欧盟各国教育部长呼吁成立一个由各国专家组成的教育质量工作委员会，就学校教育质量标准制定指标或基准，以帮助各国进行教育系统评估。1999 年 2 月，一个由 26 个欧盟国家的专家组成的教育质量工作小组成立。2000 年 3 月，运用"开放式协调的方法"，欧盟和各国充分协商，对监测教育发展目标的质量指标和基准达成共识。2000 年至 2010 年，欧盟围绕教育发展目标，共开发了 5 套教育质量指标评价体系，即 2000 年学校教育质量 16 项指标、2002 年终身学习 15 项质量指标、2003 年教育和培训系统监测 29 项指标、2007 年 2 月里斯本教育与培训目标进展监测 20 项核心指标和 2007 年 5 月欧盟理事会 16 项核心指标。在这 5 套教育质量指标体系中，只有 2003 年教育

---

① Trim, John. The work of the Council of Europe in the field of modern languages 1957-2001, Strasbourg: Council of Europe, 2001.

② Dendrinos, B. Multilingualism Language Policy in the EU Today: A Paradigm Shift in Language Education. *Training, Language and Culture*, 2018, 2(3), p. 14.

和培训系统监测 29 项指标和 2007 年 5 月欧盟理事会 16 项核心指标这两套指标体系运用于实际检测和评价。[①] 具体内容见下表：

表 4-1　2007 年 5 月欧盟教育理事会 16 个核心指标[②]

类别	指标描述	依据与推测
A 类指标： 现有且成熟的指标（指标内涵已基本明确，可充分利用现有数据进行监测）	1. 辍学率 2. 高等教育完成率 3. 阅读、数学和科学技能 4. 终身学习参与率 5. 15 岁学生在阅读、数学、科学中的低成就率	这些指标基于 2003 年 5 月理事会设定的五个基准（benchmarks），数据已通过欧洲统计系统（ESS）或国际组织（如 OECD 的 PISA 测试）定期收集，具有国际可比性，可直接用于监测里斯本目标。
B 类指标： 现有但需改进的指标	6. 职业教育与培训（VET）参与率 7. 教师培训覆盖率 8. 教育公共支出占 GDP 的比例 9. 教育成果中的性别差距	这些指标已有部分数据，但质量或覆盖范围不足。比如需改进 VET（职业教育与培训）统计以及提升数据的可比性（如性别数据）。
C 类指标： 需要新数据收集的指标	10. 欧洲语言能力指标 11. 学生和教师的跨国流动 12. 学生的社会经济状况 13. 公民教育参与度	语言能力指标（2007 年 4 月《欧洲语言能力调查框架》）和流动数据（2005 年《卑尔根公报》）需更新调查。公民教育与欧盟价值观推广相关，需新数据支持。
D 类指标： 需要开发成熟的测量方法	14. 教育对劳动市场表现的影响 15. 数字技能普及率 16. 教育中的文化多样性理解	这些指标概念明确但缺乏成熟的方法论支撑，亟需开发更为科学和可操作的评估工具。

[①]　李建忠：《欧盟教育质量标准评述》，载《中国教育政策评论》2010 年第 00 期。

[②]　Council of the European Union. Council Conclusions of 25 May 2007 on a Coherent Framework of Indicators and Benchmarks for Monitoring Progress towards the Lisbon Objectives in Education and Training. *Official Journal of the European Union*, C 311/10, 2007.

表 4-2　2003 年教育和培训系统 29 项监测指标[①]

教育与培训系统的核心议题	指标
提升教师与培训者的素质	1. 教师年龄分布
	2. 0—14 岁和 15—19 岁人口数量及其占比
	3. 各教育阶段的师生比
培养知识社会所需技能	4. 22 岁人群完成至少高中教育的比例
	5. 阅读素养低水平（PISA 1 级及以下）学生比例
	6. 各国学生在 PISA 阅读素养上的分布与平均表现
	7. 各国学生在 PISA 数学素养上的分布与平均表现
	8. 各国学生在 PISA 科学素养上的分布与平均表现
	9. 低学历成人参与教育或培训的比例（按年龄段）
促进数学、科学与技术领域发展	10. 数学、科学和技术类大学生比例
	11. 数学、科学和技术类毕业生比例
	12. 数学、科学和技术类总毕业生人数
	13. 20—29 岁人群中数学、科学和技术类毕业生比例
优化教育和培训资源配置	14. 教育公共支出占 GDP 的比例
	15. 私人教育支出占 GDP 的比例
	16. 企业在继续职业培训上的支出占总劳动力成本的比例
优化教育和培训资源配置	17. 各教育阶段每名学生的总教育支出（按 PPS 计算）
	18. 各教育阶段每名学生的总教育支出（按 GDP 人均计算）
推动终身学习环境建设	19. 25—64 岁人群在调查前 4 周内参与教育或培训的比例

---

① European Commission. *Progress Towards the Common Objectives in Education and Training*：*Indicators and Benchmarks*（SEC（2004）73）. https：//aei. pitt. edu/ 42891/.

续表

教育与培训系统的核心议题	指标
增强学习的吸引力	20. 继续职业培训（CVT）课程每千名员工的学习时间
	21. 继续职业培训（CVT）课程的参与率
	22. 教育总体参与率
	23. 辍学率
提升外语学习能力	24. 学习外语的学生比例
	25. 学生平均学习的外语数量
促进教育与培训的国际流动性	26. 教师和培训师的跨国流动性
	27. 高等教育学生的跨国流动性（包括伊拉斯谟和莱昂纳多项目）
	28. 职业教育与培训学员的跨国流动性
	29. 其他跨国流动性指标

欧盟在教育质量监测中，除运用"指标"外，还运用"基准"在欧盟和成员国家层面监测教育和培训系统的表现和进展。"基准"就是具体量化目标，或者说是目标值，基准的确定是对欧盟 15 个老成员国的教育和系统表现进行监测，依照监测结果在每个基准中确定 3 个最佳表现成员国。

欧盟教育质量标准体系是欧盟教育质量的保障，它不仅增强了欧盟的国际竞争力，也在促进教育公平、提高教育效率、发展终身学习和实现教育现代化等方面成为世界教育质量的重要参照。

第四节　移民、少数民族群体的融合教育

2004 年，伴着 10 个中东欧国家加入欧盟，这些国家内部存在已

久的少数民族问题也理所当然地成为让欧盟感到头疼和棘手的内部事务。

欧盟理事会、欧洲委员会和欧洲议会先后出台了一系列用于解决少数民族权利问题的政策、方针和建议。2009 年欧盟加入欧洲委员会的《欧洲人权公约》（ECHR），并在同年 12 月 1 日发布的《里斯本条约》中首次明确规定了欧洲少数民族（少数人）的法律地位。

按照学者杰克逊·普里斯（Jackson Preece）的理解，少数人（minority）是指一个国家中人口数量少，处于非主流社会政治地位，有较长历史延续性，在种族、语言、文化和宗教方面具有明显不同于其他群体的特征，具有明显或含蓄的群体身份意识和强烈的维护自身文化、传统、宗教或语言愿望的公民群体。[①] 而联合国少数人专家凯博多蒂（Francesco Capotorti）的定义，进一步将少数人界定为那些人口上数量较少，政治上处于弱势，在种族、宗教和语言等方面具有独特性，并且主观上愿意维系自己独特文化、传统、宗教和语言，居住在一国领土范围内的公民群体。[②]

在欧洲，由于民族、土著居民、外来移民之间的关系十分复杂，少数民族的认定标准也不统一。有的基于不同的民族及语言，有的基于不同的宗教文化传统，有的基于血统、出生地，有的基于是否自愿移民。因此根据上述少数人定义以及欧洲多元文化教育的重点及矛盾焦点，本研究仅对两个群体的教育进行分析：一个是来自欧洲内部的少数民族群体罗姆人，一个是代表欧洲外部移民同时又有着独特宗教文化特性的伊斯兰群体。

---

① Preece, J. J. National Minority Rights vs. State Sovereignty in Europe: Changing Norms in International Relations?. *Nations & Nationalism*, 2010, 3(3), p. 347.

② Capotorti, Francesco. Study on the Rights of Persons belonging to Ethnic, Religious and Linguistic Minorities. New York: United Nations, 1991, p. 164.

一、《罗姆人融入十年计划》
The Decade of Roma Inclusion，2005—2015

罗姆人（Roma），一般认为是起源于印度北部、散居全世界的流浪民族。罗姆人与信德（Sinti）人又被合称为吉卜赛人（Gypsies）。不过大多数罗姆人都认为"吉卜赛人"这个名称有歧视意义，所以不屑使用。由于许多国家政府在人口普查时不把他们列入，人们很难弄清罗姆人人口的真实数字。据估计，目前全世界约有五百万至一千万罗姆人，大多数居住在欧洲，主要聚居在中东欧国家和巴尔干半岛。[①]

罗姆人是欧洲人数最多的少数民族，同时也最被边缘化。这个民族声称他们是罗马帝国国民的后裔，因此自称"罗姆"（在罗姆语中意思是"人"）。罗姆人有统一的语言——罗曼尼语（Romani）。罗曼尼语属印欧语系，但又是一种混合语言，以原始罗曼尼语为核心，与罗姆人所在各国的语言结合而成。散布在世界各地的罗姆人都有自己的方言，但是所有这些方言又因为基本的罗曼尼语共同词汇，使全世界的罗姆人都可以没有太多障碍地互相沟通。由于罗姆人受教育程度较低，其历史和文化的传承主要靠口头文学。他们拥有自己独特的社会习俗，"居无定所，四海为家"，生活方式与欧洲其他民族大相径庭，在欧洲罗姆人显得格格不入，因此非罗姆人对罗姆人的印象普遍较差，认为他们好逸恶劳，懒惰肮脏，招摇撞骗，无法融入主流社会，将罗姆人视为乞丐、小偷或者骗子，由此也进一步形成对罗姆人的歧视、仇视甚至是迫害。

20世纪90年代以来，一些中东欧国家（如斯洛伐克和匈牙利）在欧盟《哥本哈根标准》的影响下决定在法律上承认罗姆人，但是在具体处理时，还是将罗姆人与其他土著少数民族作了区别对待，而有

---

① 李秀环:《中东欧国家的罗姆人民族问题》,载《俄罗斯中亚东欧研究》2004年第3期,第75页。

些西欧国家（如法国和意大利）至今仍旧拒绝承认罗姆人少数民族地位，屡次对罗姆人进行大规模遣返和驱逐。

早在 20 世纪 70—90 年代，随着欧盟的不断扩大和罗姆人自身政治意识的觉醒，罗姆人问题开始受到国际组织的关注。欧洲议会在 1981 年通过了"少数民族人权法案"（Resolution on a Charter of Rights of Ethnic Minorities），为罗姆人争取自己的权益提供了法律保护。1984 年，欧洲议会针对罗姆人特别通过了一项决议，建议欧盟各国在保护罗姆人特有文化的前提下改善他们的生存状况，但该决议仅提醒各国对罗姆人问题加以重视，并没有采取实质性措施。1986 年，欧共体用五种语言出版了第一份关于罗姆人教育的研究报告《罗姆人和旅居者儿童的入学问题》（School Provision for Gypsy and Traveller Children, A Synthesis Report），罗姆儿童低入学率和高辍学率引起了社会各界的广泛关注。[1]

到了 1999 年，欧盟决定将罗姆人的状况改善与否作为候选成员国进入欧盟的主要标准之一，从外部施加压力倒逼试图加入欧盟的东欧国家解决国内罗姆人问题。[2] 2001 年欧洲委员着手筹备"2005—2015 年罗姆人融入十年计划"（the Decade of Roma Inclusion, 2005–2015）。2003 年 6 月 30 日至 7 月 1 日，在欧盟、世界银行等国际组织的筹办和参与下，保加利亚、克罗地亚、匈牙利、捷克、罗马尼亚、马其顿、塞黑及斯洛伐克等中东欧八国领导人、国际组织相关负责人和一些罗姆人首领聚集布达佩斯，召开了有关促进罗姆人社会融入的会

---

① European Commission, Liegeois, J., & Piasere, L. *School Provision for Gypsy and Traveller Children: A Synthesis Report.* Luxembourg: Publications Office of the European Union, 1987.

② 金岳嵘：《欧洲少数族裔受歧视问题研究——以罗姆人为例》，载《佳木斯大学社会科学学报》2016 年第 5 期。

议，通过了"2005—2015 年罗姆人融入十年计划"。①

"2005—2015 年罗姆人融入十年计划"是一个综合性的行动计划，要求中东欧八国主要着力于罗姆人在教育、就业、住房和健康领域的融入，各国可以根据本国国情制定明确使用的目标、透明的检验考核标准及相应的行动计划。在教育方面，要求中东欧八国必须保证罗姆人儿童接受两年以上的学前教育以及完成小学教育，降低罗姆人的文盲率和辍学率，从整体上提高罗姆人的受教育水平。②

同时期，欧盟还出台了保护罗姆人的相关政策，如 2005 年 4 月欧洲议会通过的"改善欧盟罗姆人状况的决议"（European Parliament Resolution on the Situation of the Roma in the European Union），③ 强调对罗姆人的保护，尤其要在增加罗姆人工作机会方面做出努力。2007年，欧盟委员会和欧洲议会还分别发起了"罗姆人实习计划"，邀请一些罗姆人青年到欧盟相关机构实习和学习，以获得对欧盟和欧洲一体化的知识以及积极参与欧洲一体化的能力。④

遗憾的是，"2005—2015 年罗姆人融入十年计划"成效并不显著。根据哥本哈根标准，欧盟将罗姆人状况的改善与否作为加入欧盟的主要标准之一，这一举措虽然从某种程度上可以迫使东欧国家重视并改善国内罗姆人的生存状态，但颇具争议的是，该标准并不适用于

---

① Miskovic M. ,Curcic S. Beyond Inclusion: Reconsidering Policies, Curriculum, and Pedagogy for Roma Students, *International Journal of Multicultural Education*, 2016, 18(2).

② Kirova A. ,Thorlakson L. Introduction: Policy, Inclusion, and Education Rights of Roma Children: Challenges and Successes in the EU and North America. *Alberta Journal of Educational Research*, 2016, p. 371.

③ European Parliament. Roma in the European Union: European Parliament Resolution on the Situation of the Roma in the European Union. *Official Journal of the European Union*, C45E, 2005.

④ EU Monitoring and Advocacy Program. Equal Access to Quality Education for Roma, Vol. 2: Croatia, Macedonia, Montenegro, Slovakia. Budapest: Open Society Institute, 2007.

最早入盟的"老欧洲国家"。法国、意大利等一直是驱逐罗姆人的"急先锋"；而德国虽采取看似宽容的政策，但罗姆人在德国社会中长期处于"共存而不共融"的状态，年轻的第二代、第三代罗姆人在教育和就业领域仍感觉被"另眼看待"。这样的双重标准不但不能彻底解决罗姆人受歧视问题，还大大损害了欧盟的道义形象。在一份11国的代际罗姆人贫困状况调查中显示，在希腊、罗马尼亚、保加利亚、法国和意大利，许多罗姆人儿童依然被边缘化，在社会上被排斥。"2005—2015年罗姆人融入十年计划"不仅未能提供"银弹"来促进罗姆人的融入，反而在一定程度上成为种族隔离的推动者。罗姆人儿童被当成智力发育迟缓者安置在残障学校或"特殊班级"，罗姆人的历史和文化在学校课程中鲜有涉及，罗姆人学生经常成为学校其他学生和老师的嘲笑侮辱对象，罗姆人学生比例高的学校还会引起其他非罗姆人生源的流失。而罗姆人自身也拒绝同化，依然保持着与所在地区格格不入的社会生活习惯，对非罗姆人普遍不信任，保持着距离。①

二、针对伊斯兰移民的融合教育

欧洲文化多样化形成的诸多挑战中，多元宗教是无法回避的一个问题。宗教差异是欧盟多元文化的重要组成，同时也是欧盟多元文化挑战中最为棘手的一个方面。宗教信仰关乎世界观、生命观、价值观，不同宗教的律例不仅可以形成不同的风俗习惯、节期庆典，还可能构成巨大的观念冲突甚至是残酷的杀戮。新一波暴恐显示了长期以来潜伏在欧洲社会的"价值冲突""信念空虚"和"信任危机"。欧洲的物质发展已经不能填补人对生命意义内在的需求。欧洲社会不仅

---

① Kirova, A. & Thorlakson L. Policy, Inclusion, and Education Rights of Roma Children: Challenges and Successes in the EU and North America, *Alberta Journal of Educational Research*, Vol. 61. 4, 2015, p. 374.

要解决"我有什么"的问题，更要面对"我是谁"的终极议题。

作为全球主要移民迁入地区之一，自二战以来，欧洲的移民人口一直不断增长，从族群和宗教划分，以来自阿拉伯国家信奉伊斯兰教的伊斯兰移民居多。和其他族群的移民不同，伊斯兰移民群体并没有被欧洲主流社会同化和融合，他们坚守伊斯兰信仰，集中居住在特定的区域，形成了一个对外界封闭，对内自有一套伊斯兰文化规则的平行社会。大量的伊斯兰移民改变了欧洲人口的构成状况。根据皮尤研究中心（Pew Research Center）的调查结果，2016 年有超过2,580 万穆斯林居住在欧洲，他们中有些已经成为欧盟的公民。穆斯林群体约占欧盟总人口的 5%，大部分从事体力劳动，主要来自土耳其、印度、非洲、摩洛哥、巴尔干和马格里布。他们主要分布在法国（572 万）、德国（495 万）、英国（413 万）、意大利（287 万）、荷兰（121 万）和西班牙（118 万）。[①]

作为欧洲最大的移民群体，同时也是差异性政治文化的代表，对于伊斯兰移民的这种增长趋势，欧洲基督教白人主流社会显然难以接受。令他们更难以接受的是，穆斯林人口的快速增长还助长了伊斯兰文化"飞地"的形成。例如在英国出现的"隔坨"和"平行社会"现象，在德国、法国等国出现了伊斯兰社区。这些"飞地"不仅扩张迅猛，而且封闭性、独立性都很强，俨然成为基督教白人文化的"国中之国"，对欧洲的国家认同构成挑战。为此，欧洲各国都加强了对宗教群体的管理和控制，但这种管理和控制反过来又激发了伊斯兰群体的敌意，导致两种文化之间的摩擦频发。"9·11"事件之后的一系列暴力事件加剧了欧洲各国的巨大担忧，它们担心今天还是弱势群体和少数族裔的移民今后会成为本地区的颠覆性力量，欧洲多元文化社

---

① Pew Research Center. Europe's Growing Muslim Population. https://www.pewforum. org/wp-content/uploads/sites/7/2017/11/FULL-REPORT-FOR-WEB-POSTING. pdf,2017-11-29.

会的文明冲突日益加剧，移民成为非传统安全的重要隐患。①

伊斯兰移民与主流社会的分裂，伊斯兰文化与基督教文化的冲突，西欧国家对欧洲伊斯兰化的担忧，使得欧洲多元文化政策面临前所未有的严峻挑战。

（一） 欧洲伊斯兰群体的特殊性

在欧洲，一提到文化隔阂，人们脑海里首先浮现的就是包着头巾、生活在自己封闭小圈子里的伊斯兰移民。伊斯兰移民的社会经济状况不尽如人意，加上其种族宗教文化特征的高度异化，导致很多欧洲人对于伊斯兰移民存在结构性的不安全感。他们认为伊斯兰移民不但抢去了本国人的工作和住房，还给欧洲福利国家带来沉重负担。更严重的是，伊斯兰移民被认为不教育子女认同客居国的价值标准，使他们在收入、受教育程度、就业、社会接受度以及政治参与等各个领域总体处于弱势地位。

如前所述，第二次世界大战后，伊斯兰群体以前殖民地和欠发达国家的客籍劳工和移民的身份来到欧洲。这些新来者被欧洲人视为临时寄居者，是将来要回到母国的外乡人。他们从事对技术水平要求较低的工作，整体上经济地位低下，教育程度不高，缺乏政治参与，与主流社会隔离。②

到了 20 世纪 80 年代至 90 年代间，大部分欧洲伊斯兰移民获得了欧洲永久定居者的身份，不再是过去临时性的客籍工人。据统计，有近一半的欧洲伊斯兰居民是生在欧洲、长在欧洲的本地人。不幸的是，即便如此，这些伊斯兰移民的第二代、第三代仍旧被贴上外国

---

① 伍慧萍:《移民与融入——伊斯兰移民的融入与欧洲的文化边界》,上海:上海人民出版社,2015 年,第 9 页。

② Mohiuddin, Asif. Muslims in Europe: Citizenship, Multiculturalism and Integration. *Journal of Muslim Minority Affairs*, 2017, 37(4), pp. 1–20.

人、移民、他者、局外人的标签，被排斥在欧洲主流社会之外。①

亨廷顿指出，一个人进入新的社会环境，被认为是外人，那这个人大致也会认为自己不属于该群体。② 许多伊斯兰青年在经历了有形或无形的社会排斥、种族歧视之后，苦恼、沮丧、耻辱、背叛、挫折、疏离、愤恨油然而生，先是经历了对自己身份认定的不确定、充满迷茫感及疏离感，继而诉诸复兴伊斯兰教，希望从伊斯兰教和传统文化中寻求安全感和心理寄托，以获得个人尊严和平等，即认同。

因此伊斯兰移民与欧洲主流社会有着截然不同的文化与生活方式，特别是宗教信仰上，他们对上帝与人、个体与群体、公民与国家、父母与子女、丈夫与妻子的种种关系有着截然不同的看法，对权利与责任、自由与权威、平等与阶级有着迥异的观念。他们有着明确的文化身份意识，更倾向于维护、强化伊斯兰文化传统和文化身份，拒绝融入欧洲的基督教白人文化。

这种隔阂的形成不仅仅源于不同的文化。在漫长的历史时期里，伊斯兰世界与欧洲一直处于相互敌对状态。从 1099 年的第一次十字军东征到维也纳奥斯曼帝国的围困，欧洲基督教与伊斯兰教之间的战争持续了六个世纪之久。随着殖民主义的结束，这场战斗重新开始，从纳赛尔的泛阿拉伯主义到 OPEC 石油输出国组织的成立，从伊朗革命、海湾战争到基地组织、恐怖主义的崛起，阿拉伯伊斯兰教的形象以看似更具侵略性和反文明的方式出现。进入 21 世纪，一系列恶性恐怖事件更是让欧洲民众谈"穆"色变，有相当一部分的欧洲人不愿意和穆斯林接触，不少人认为穆斯林群体的存在对所在国是个威胁。根据英国拉尼米德信托（Runnymede Trust）关于欧洲穆斯林恐惧症的报告，伊斯兰文化在欧洲民众眼中被认为是整体具有威胁性的、敌对

---

① 胡雨:《欧洲穆斯林问题研究:边缘化还是整合》,载《宁夏社会科学》2008年第 4 期,第 90—94 页。

② [美]塞缪尔·亨廷顿:《我们是谁:美国国家特性面临的挑战》,程克雄译,北京:新华出版社,2005 年,第 10 页。

的，并且是与其他文化格格不入的，与欧洲没有共同的价值观。① 例如，加拿大《国家邮报》（*National Post*）专栏作家罗伯特·弗尔福德（Robert Fulford）甚至在文中发问：“传讲宽容至上理念的多元文化主义怎能与好战、偏执、视所有非伊斯兰为妖魔的穆斯林相抗衡呢？”伊斯兰移民无法融入当地社会的原因被普遍认为来自深刻根植于他们的伊斯兰文化。

20 世纪 90 年代，欧洲主流舆论开始旗帜鲜明地表现出对于移民的抵触态度，不断传递出关于伊斯兰教宗教文化传统与现代性民主政治及普遍主义价值观不兼容的信息，认为伊斯兰移民是危险的且无融入能力的。与此同时，欧洲极右翼排外政治势力开始抬头，以反对伊斯兰移民和多元文化为旗号，制造仇外舆论。

昔日的外敌已潜入欧洲内部，成为新移民，和大部分欧洲人生活在一起。在欧洲民众看来，伊斯兰文化正在不断侵蚀欧洲社会的集体认同和公共价值，并大有取而代之之势。欧洲，那孕育自古希腊、古罗马的文明，植根于中世纪基督教的精髓，建基于近现代世俗主义和理性主义基石之上的文明所在，在太多伊斯兰人口、太多异质性文化与宗教、太多的宽容政策之下，似乎岌岌可危，因为欧洲伊斯兰问题已经超越了传统意义上的政治、经济、社会的范畴，直接关系到“谁是欧洲人”的根本性问题。②

（二）各成员国对移民融入的限制性规定

1. 瑞典

面对冷战后复杂的社会形势，瑞典政府于 1994 年对多元文化主

---

① Conway, Gadom. *Islamophobia: A Challenge for Us All*. London: Runnymede Trust, 1997.

② 胡雨：《欧洲穆斯林问题研究：边缘化还是整合》，载《宁夏社会科学》2008 年第 4 期，第 90-94 页。

义政策进行了评估。根据评估报告，瑞典议会于 1997 年批准了政府提出的法案《未来与多样性——从移民政策到融合政策》（The Future and Diversity: From Immigration Policy to Integration Policy），决定实施以多元文化主义和多样性为基础的融合政策。瑞典的融合政策强调所有人在权利、责任和机会上的平等，主张建设一个文化多元、相互尊重、彼此宽容的社会，认为社会中的每一个人，无论其背景如何，都应能够积极融入瑞典社会并承担相应责任。因此，瑞典融合政策的最终目标是促进外来移民融入本土社会。

为了推动融合政策的实施，瑞典政府于 1998 年成立了瑞典融合委员会（Swedish Integration Committee），负责推动地方政府和移民协会的融合工作，促进并监督外来移民的社会融入，并为相关活动提供财政资助。2007 年，瑞典政府还成立了融合与两性平等部（Ministry of Integration and Gender Equality），旨在帮助新到达的移民和难民适应瑞典社会，促进社会融合，并监督各领域融合政策的实施情况和进展。此外，瑞典政府于 2008 年推出了融合战略，确立了七个重点工作领域，主要包括实现教育、就业等领域的公平、反对社会歧视、建立共同的价值观等内容。

瑞典的融合政策在一定程度上促进了外来移民的社会参与，为其融入瑞典社会创造了有利条件。在 2019 年发布的移民融合政策指数（Migrant Integration Policy Index，MIPEX）中，瑞典的相关指标获得了 86 分，在 50 多个被评估的国家中位列第三。移民融合政策指数评价评估小组认为，瑞典的融合政策有效保障了外来移民与本土公民享有平等的权利、多重机会和安全。

2. 英国

进入 21 世纪以来，英国发生了多起种族冲突，其中较为严重的是 2001 年 5—8 月份在布拉德福德、伯恩利、奥尔德姆等地爆发的由南亚裔穆斯林群体与白人种族主义者之间的骚乱事件。这些暴力事件引发了英国国内对多元文化主义政策的讨论。反对多元文化主义政策

的人士认为，多元文化主义政策强化了外来文化的自我封闭行为，弱
化了英国的社会结构，从而阻碍了英国社会整合和文化融合。关于本
次骚乱事件的调查报告《社区凝聚力：独立观察团的报告》（Commu-
nity Cohesion：A Report of the Independent Review Team）中提出了社区
凝聚力（Community Cohesion）的概念，认为英国现在迫切需要促进
社区凝聚力，这种凝聚力建立在对各种文化的更多了解、接触和尊重
的基础上。此后，英国官方话语开始回避使用"多元文化主义"一
词，倾向于使用社区凝聚或融合来描述移民政策。

社区凝聚力所倡导的共同价值观实质上是英国本土的价值观，该
政策的宗旨和融合政策基本一致。为了推进社区凝聚力政策，英国政
府于2006年成立了融合和凝聚力委员会（Commission on Integration
and Cohesion，CIC），该机构的主要职能是"探索如何将人们团结在
一起——尊重差异但具有共同归属感"。委员会发布了一系列政策建
议，推动地方政府制定融合行动计划，支持社区项目，并改善公共服
务，确保所有社区成员平等享有资源。此外，委员会还通过公共宣传
提高对社会融合重要性的认识，促进跨部门合作，以解决多方面的融
合问题。自2006年起，英国几乎每年都会发布关于社区凝聚力报告，
英国政府还为提高社区凝聚力的相关活动提供资金支持。2019年，英
国住房、社区和地方政府部发布了《融合型社区行动计划》（Integrat-
ed Communities Action Plan）。该行动计划的目标是"在共享权利、责
任和机会的基础上，促进不同背景的人们共同生活、工作、学习和社
交"。报告指出，"融合是一条双向的道路——当地居民有责任欢迎新
来者，包括移民，为他们提供参与社区生活的机会，实现有效融入"。

3. 其他西欧国家

德国于2005年实施新移民法，制定了相关惩戒措施以促进外来
移民积极融入德国社会。德国联邦政府还于2007年出台了《国家融
合计划》（National Integration Plan），明确划分联邦中央、州政府及社
会组织在推进移民融入德国社会中应担负的责任。爱尔兰政府于2007

年成立了初级融合部（Office of the Minister for Integration），关注外来移民和难民的失业问题以及种族歧视问题，负责促进外来移民和难民融入爱尔兰社会。面对外来移民规模的不断扩大，芬兰也于 2010 年出台了《促进移民融合法案》（Act on the Promotion of Immigrant Integration）。

总的来说，面对移民对欧洲社会、政治与文化的冲击和影响，各国普遍采取了更为严厉的移民控制措施，如签订个人融合协议，参加相关语言和/或融合课程及考试，参加公民考试等。[①] 在一些国家里（如奥地利、德国、瑞典、丹麦、芬兰等），融合课程甚至是强制性的，只有成功完成课程，移民才可能获得居住权及相关社会福利。不能完成课程可能会被罚款，取消居住权，甚至会面临从该国被驱逐出境的可能。[②]

欧洲政策研究专家卡雷拉（Sergio Carrera）在 2005 年通过对欧洲 9 个国家（奥地利、比利时、德国、法国、荷兰、瑞典、瑞士、英国和挪威）1997—2009 的融合政策进行调查分析之后指出，这 9 个国家融合内容一般仅包括在语言课程、公民课程中，旨在让移民了解国家的历史、公民价值观和文化传统。此外，融合内容还包括一些劳动力市场动员或者职业培训。这种单向的融合做法不但不能起到增强社会凝聚力的作用，反而会在移民群体和少数族群群体中产生反感抵触心理。[③]

因此有些学者认为，欧盟大部分国家的移民融合就是一种同化，这种同化甚至是可以直接观察到的。官方对国家认同的宣传，对国家

---

① ［波兰］马格达莱纳·莱辛斯卡:《移民与多元文化主义:欧洲的抵制》,宋阳旨译,载《国外理论动态》2016 年第 1 期,第 89 页。

② Katseli, L. , R. Lucas and T. Xenogiani. Policies for Migration and Development:A European Perspective. *OECD Development Centre Policy Briefs*, No. 30, Paris: OECD Publishing, 2006.

③ Carrera, S. A Typology of Different Integration Programmes in the EU. *Center for European Policy Studies*, 2006.

价值观的倡导，语言政策，公共场所、学校、医院对着装的要求，对移民语言课程及测试的强制参加，入籍仪式和宣誓，等等，都是同化政策的体现。[①]

三、欧盟促进移民融合的文化措施与努力

为了促进宗教间和谐共处与合作，加强欧洲社会凝聚力，欧盟组织了各种宗教节日的庆祝活动，发布关于宗教自由的宣传材料，支持跨宗教研讨会，积极促进宗教间的对话与合作。

欧盟与宗教组织的对话最早可上溯到1994年时任欧盟委员会主席德洛尔发起的"欧洲之魂"（A Soul for Europe）活动。在德洛尔看来，仅凭经济一体化和法律体系的一体化，欧盟是走不到最后的。必须要为欧盟公民提供一种高于经济和法律制度之上的东西，那就是宗教和文化。1994年"欧洲之魂"项目正式启动，"深度研究小组"（Forward Studies Unit），一个专门负责欧盟机构与欧洲宗教组织对话的内部智库机构成立了。"深度研究小组"为欧盟委员会、欧洲议会和各个宗教与哲学信念组织提供一个讨论的平台，以此来促使各方共同反思欧洲的精神、道德和文化根源以及未来欧洲的潜能。"欧洲之魂"包括天主教欧洲主教团委员会（Commission of the Bishops' Conferences of the European Union，COMECE）、欧洲基督教协会（Conference of European Churches，CEC）、欧洲犹太教教士会议（Conference of European Rabbis，CER）、东正教联络处（Orthodox Liaison Office，OLO）、伊斯兰欧洲合作理事会（Muslim Council for Cooperation in Europe，MCCE）和欧洲人文主义者联合会（European Humanist Federation，EHF）等。2002年"欧洲之魂"成为独立的非营利国际协会。

进入21世纪，欧盟层面也开始对欧洲移民融合做出政策部署。

---

① Kostakopoulou, Dora. The Anatomy of Civic Integration. *Modern Law Review*, 73 (6): 933-958.

2004 年，欧盟理事会通过了《海牙计划》（The Hague Programme），
其中在 2004 年 11 月 19 日欧盟司法与内政部长会议上通过的"共同
基本原则"（Common Basic Principle，简称 CBP）成为欧盟移民融入
政策的基础方针。"共同基本原则"明确指出，移民必须要尊重欧盟
的基本价值，了解移入国的语言、历史和政治体制，认为就业与教育
对成功融入起到关键作用。① 同时在 2005 年，欧盟委员会又提出《共
同融合议程》（A Common Agenda for Integration-Framework for the Inte-
gration of Third-Country Nationals in the European Union），指出融合是
一个动态、双向的过程，不仅用来表示移民和移入国居民之间的相互
适应，在欧盟层面，它还指维护移民基本权利，反对歧视，为移民提
供经济生活中的平等机会，保障各种文化与宗教的平等及对话，促进
移民参与民主进程以及参与制定融合政策。② 但由于各成员国在移民
问题上都警觉地捍卫各自的主权，因此欧盟在移民融入政策上充其量
只能发挥有限的协调作用。

2000 年以来，欧盟的文化政策主要以"跨文化对话"为主要举
措，欧盟与其他区域性国际组织积极合作，力求推动欧盟境内不同文
化团体、宗教团体之间的互动与理解，最终消除误解与歧视。在
2000—2004 年间，欧盟与欧洲委员会共同开展了一系列跨文化对话项
目，如：《跨文化对话和预防冲突计划》（Intercultural Dialogue and
Conflict Prevention Project Proposal），③《跨文化教育新挑战：欧洲的宗

① Council of the European Union. The Hague Programme: Strengthening Free-
dom,Security and Justice in the European Union,*Official Journal*,2005. C53,pp. 1-14.

② European Committee of the Regions. Opinion of the Committee of the Regions
on the Communication to the Council,the European Parliament,the European Economic
and Social Committee and the Committee of the Regions-A Common Agenda for Integra-
tion. *Official Journal of the European Union*,C206,2006.

③ Council of Europe. Intercultural Dialogue and Conflict Prevention Project Pro-
posal. CC-CULT-BU(2001)4. Strasbourg,2001-9-21.

教多样性与对话论坛》；① 2007年欧洲委员会又出版了题为《宗教多样性和跨文化教育》的学校实践指南（Religious Diversity and Intercultural Education：A Reference Book for Schools），② 以促进欧洲不同宗教文化群体间的跨文化对话，减少冲突，促进和平和社会团结。欧盟还将2008年设定为"欧洲跨文化对话年"（European Year of Intercultural Dialogue），财政拨款一千万欧元，以期通过对欧洲弱势群体"跨文化能力"的建构，间接帮助欧洲宗教少数族群融合和发展。③

宗教事务属欧盟成员国的内务，不在欧盟的权能范围之内。但是为了打造欧洲认同，促进欧洲族群融合，增强欧洲社会凝聚力，欧盟通过文化政策及教育政策对这一领域进行了"入侵"和"干预"。这些政策分属欧盟委员会中各个不同机构负责，实施起来难度很大。同时，这种治理策略大多属于"软性治理"，缺乏法律的强制性，也没有相应的惩罚措施，因此在执行的效力上并不是很理想。

第五节 本时期欧盟多元文化教育政策的特点

一、对文化多样性的保护和提倡

在生物物种中，多样的基因组可以大大提高物种的存活率，维持

---

① Council of Europe. The challenge of Intercultural Education Today：Religious Diversity and Dialogue in Europe. CD-ED（2004）5. Strasbourg，2004-9-8.

② John Keast.（ed.）*Religious Diversity and Intercultural Education：A Reference Book for Schools*. Strasbourg：Council of Europe Publishing，2007.

③ European Commission. Report from the Commission to the Council，the European Parliament，the European Economic and Social Committee and the Committee of the Regions：Evaluation of the 2008 European Year of Intercultural Dialogue， ，COM（2010）361 final. Brussels，2010.

生态系统的平衡稳定，从而打造一个丰富多彩和神奇奥妙的世界。人类社会也同样如此。多样的语言文化是交流、革新和创作的源泉，不仅让世界充满活力，生气勃勃，还有利于促进人权、平等、自由的实现，加快社会前进发展的脚步。只有在不同文化间求同存异、和谐共处，才能形成包容、理解的社会，只有在交往交流间，不同文化才能互相促进，共生共荣，形成美美与共、欣欣向荣的局面。

正是因为拥有千姿百态的文化才构成了世界的多样性和丰富性。在国家、社会以及人与人之间联系日益紧密，依赖性愈加增强的全球化的今天，承认、保护文化多样性，既是对全球化背景下文化趋同的对抗，也是各文化之间交流对话的基础。

本时期欧盟多元文化教育的目标之一就在于对他民族文化的理解、接纳，对文化多样性的支持与欣赏，以及对多元文化视角的培养。如联合国《世界文化多样性宣言》中所倡导的那样，只有去理解和接纳他民族文化，才可能加强彼此的尊重与包容，只有学会支持与欣赏，才能避免单一文化霸权的出现，只有通过多元文化视角，才有可能解决全球性危机、促进世界和平发展。欧洲大陆上有着缤纷绚丽的文化，任何一种文化的消失都将是欧洲的损失，因此要积极采取措施促进多元文化之间的对话和共存。

"文化多样性"的提出具有划时代意义，它为多元文化教育政策的演进提供了理论基础。面对文化全球化对文化多样性的挑战，欧盟以"尊重文化多样性"为主题推出相应教育政策，将少数族群文化纳入欧洲教育体系中。针对欧洲本土少数群体如罗姆人和外来少数群体如伊斯兰移民，欧盟积极实施语言保护政策，开展跨文化交流活动，保护他们平等受教育的权利，促进和发展文化多样性。

二、对文化交流和对话的推动

随着 2008 年欧洲跨文化对话年的启动，欧洲的跨文化对话发展达到了一个新高潮。同年，欧洲委员会发布了《跨文化对话白皮书：

平等、尊重、共处》（White Paper on Intercultural Dialogue：Living To-
gether as Equals in Dignity）。该白皮书回顾了欧洲面临的文化多样性问
题以及以往的对策，指出长期以来的多元文化主义理念无法有效应对
当前各民族和族群文化的异质化问题。因此，白皮书呼吁在欧洲各层
面推动跨文化对话，以促进人权保护，增进族群与个体之间的合作与
团结，并确保民主法治的推行，维护欧洲的和平。白皮书强调文化认
同的多面性和动态性，认为文化认同应作为个体的自由权利，允许个
人选择或改变其文化归属。同时，它警示要避免文化边界的设立和他
者化，减少刻板印象和族群间的隔离，鼓励加强交流和对话。①

文化交流有助于打破文化隔阂，减少误解和偏见，促进社会的和
谐与团结。跨文化对话则提供了一个共享经验和价值观的机会，使不
同文化群体能够在平等和开放的环境中进行讨论和互动。这种对话不
仅增强了欧洲社会的凝聚力，还促使政策制定者和社区领导者更加关
注如何应对文化多样性带来的挑战。

在该白皮书的指导下，欧盟组织了多项跨文化活动和项目，包括
文化节、艺术展览和学术研讨会，鼓励成员国之间分享文化经验和价
值观。通过这些举措，欧盟希望提高公众对文化多样性的认识，推动
对不同文化的尊重与包容，帮助不同文化背景的公民更好地理解和融
入多文化社会。欧盟通过这些努力，不仅加强了内部的文化联系，也
提升了其在全球舞台上的文化影响力，在一定程度上促进了欧洲社会
的多元文化融合与和谐共处。

三、多元文化在欧盟政策文本中的消失

作为多元文化主义的重要组成部分，多元文化教育强调、重视社
会中多种文化并存的现实以及因文化差异而导致的歧视和不公，通过

---

① Council of Enruope. White Paper on Intercultural Dialogue：Living Together As
Equals in Dignity. Strasbourg,2008-5-7.

改变学校教育，提高少数族群学生受教育的机会，促进少数族群学生的学业成功，从而实现族群间的教育平等，最终改变社会。多元文化教育的主要内容包括改变学校文化氛围，改变课程内容，改变课程设计视角，培养师生尊重文化差异的态度等。

20 世纪 60 年代，在美国民权运动及多元文化主义的推动下，文化平等成为很多国家的政策取向。鉴于教育领域对社会进步所具有的重要功能，各国多元文化政策都首先在教育领域展开，多元文化教育成为七八十年代各国实现公平教育的不二选择。进入 90 年代，面对更为复杂的国际局势和更大范围的人口流动，移民群体成为欧洲的问题焦点，而恐怖主义的盛行也让欧洲民众对移民群体愈加排斥。

也许是为了回避 20 世纪 90 年代以来国际社会对多元文化主义的批评与攻击，也许是因为"多元文化教育"这一概念在发展过程中变成无所不包的巨伞，其模糊的外延不利于发挥其理论效用，[①] 跨文化教育（intercultural education）开始频频出现，与多样治理、文化多样性等，一同成为多元文化的替代词。

欧洲委员会在《跨文化对话白皮书：平等、尊重、共处》中针对多元文化主义这样写道："……虽然初衷美好，但是现在欧洲社会普遍认为是多元文化主义导致了欧洲社会的族群分裂和彼此的误解。欧洲社会的文化多样性是确凿无疑的事实，然而经过反复讨论，咨询委员会大部分成员感到多元文化主义不再是一个合适的政策取向。"[②]

基于上述背景，世界各国特别是欧洲的文化多样性教育政策出现了转向。很多原来倡导实施多元文化教育的欧洲国家，在其官方政策的文本中，逐渐放弃使用这一概念，以文化多样性教育或跨文化教育取而代之，并开始以跨文化主义为框架来制定文化多样性教育政策。

---

① 张建成：《独石与巨伞——多元文化主义的过与不及》，载《教育研究集刊》2007 年第 2 期，第 103-127 页。

② Council of Enruope. White Paper on Intercultural Dialogue：Living Together As Equals in Dignity. Strasbourg，2008-5-7.

学者法斯（Daniel Faas）指出在欧盟很多政策文件中，多元文化和跨元文化主义是交替使用的，其含义并没有本质上的差别，政策上一直有其连续性，只不过是文字表述不同。① 因此我们更有必要透过术语的变化来看新、旧多元文化主义政策之间的关系，以关注政策的内容细节，而不能仅仅着眼政策标签。

还有学者认为多元文化主义在欧盟政策文本中的缺失在很大程度上是一种政治举措，是政治斗争的反映，而非多元文化主义本身存在问题。多元文化主义的支持者们认为，社会分化、族群分裂等社会问题，实际上是各国族群多样化过程中的既有问题，并非由多元文化主义的政策实施所致，而停止实施多元文化主义，一味强调国家认同，只会带来狭隘的民族自豪感，加剧仇外情绪。②

对于欧洲多元文化主义政策的现状，笔者认为很多情况下只是表述方式的转变，在政策实践上依然与多元文化理念有着千丝万缕的联系。跨文化主义倡导者虽指出多元文化主义的种种问题，但其理论上缺乏明确边界，并且忽视文化的群体性，因此在教育实践上容易陷入多元文化主义的老路。

本时期多元与一体的关系：本时期多元与一体呈紧张趋势。移民因素和经济因素使欧盟内部的离心力增多，以至于使一体的维持比较艰难。在本时期，欧盟继续通过多语言政策来促进欧洲认同，保护多元文化，帮助少数民族群实现社会融合，开始提倡以对话、互动为特色的跨文化教育，但究其根本，欧盟的跨文化教育也还是多元文化教育的一种变体。

---

① Faas D. , Hajisoteriou C. , Angelides P. Intercultural Education in Europe：Policies, Practices and Trends. *British Educational Research Journal*, 2014, 40(2), p. 305.

② Kymlicka, Will. *Multiculturalism：Success, Failure, and the Future*. Washington, DC：Migration Policy Institute, 2012, p. 132.

第五章 多元一体的维持：
欧盟多元文化教育的转向期
（2010 年至 2020 年左右）

第一节 社会历史背景：共克认同危机

一、欧债危机和欧元危机

全球化创造出脆弱且紧密相依的全球经济。21 世纪以来，世界在快速发展之后遭遇了前所未有的经济危机。2008 年美国的次贷危机使原本已经疲软的欧洲经济进一步恶化。尽管欧盟在 2001 年至 2007 年期间不断积极探索欧元区和单一市场的建设，努力使欧盟经济的平均增速保持在 2% 以上，但危机仍导致欧盟成为全球受打击最严重的经济体之一。

随着 2008 年全球金融危机的爆发，许多国家的经济增长放缓，财政状况恶化。尽管最初金融危机的冲击主要集中在金融市场，但其影响很快蔓延至各国政府的财政体系。随着财政赤字的上升，这些国家面临着无法偿还债务的风险，金融市场对其财政状况产生怀疑，进一步推高了借贷成本。在欧盟国家中，希腊、爱尔兰、葡萄牙、西班牙和意大利的经济受到严重影响，社会失业大幅上升。欧盟统计局数据显示，2002 年以来欧盟失业率不断上升，起初从 2002 年的 9.0% 持续上升至 2004 年的 9.3%；接着从 2008 年的 7.0% 持续上升至 2013 年的 10.8%。截至 2017 年欧洲的整体失业率也在 10% 左右，青年失业率更是在 20% 以上。[①] 在这种经济环境中，欧洲各国为了转移民众的焦点将问题归咎于移民（难民），以避免矛盾的进一步激化。

2009 年的全球金融贸易危机对欧洲实体经济和贸易进出口形成了巨大的冲击，欧洲社会的方方面面都受到影响，教育首当其冲。欧洲各国被迫采取削减教育经费开支的措施。当经济衰退达到顶峰时，欧洲一些国家领导人甚至提出"移民滥用福利"是政府负债的主要原因，因此各种跟移民群体相关的社会共同经费开支遭到削减。[②] 要求欧盟精减教育经费的呼声一方面反映出欧洲经济在金融危机中受到的巨大影响，另一方面也体现出欧盟的危机意识及认同焦虑。在危机面前，欧洲民众将移民群体看成社会和政治秩序的威胁，这些移民与欧洲不再是和而不同的存在，而是不受认可的负担和累赘。经济困况让欧洲内部的族群分化显露出来，社会矛盾进一步激化。

二、英国脱欧

2016 年英国公投脱欧（Brexit）可以被认为是冷战后欧洲爆发的最重要的政治事件之一，具有深刻的历史意义。2020 年 1 月 31 日，在《友谊地久天长》的歌声中，英国正式离开欧盟。这次事件颠覆了公众对欧洲一体化进程"不可逆"的传统认知，在它的影响下，欧盟其他成员国，如法国、意大利和丹麦也表现出脱欧意向，这给欧盟的

①　Eurostat. Macroeconomic Imbalance Procedure Scoreboard 2016. https://ec. europa. eu/eurostat/documents/2995521/8460754/2 - 22112017 - BP - EN. pdf/54e03609 - d3f8 - 48d8 - 8eff - c3c8339643a5.

②　马峰:《全球化与不平等:欧美国家民粹浪潮成因分析》,载《社会主义研究》2017 年第 1 期。

一体化发展蒙上一层阴影。

英国的脱欧除了有经济上的考量，还有一个重要的原因就是英国想要借此控制来自欧盟内部的移民人数，止住移民引发的社会福利倾销。①

英国脱欧对依然困于低潮的欧洲一体化无疑是雪上加霜。它极大地打击了成员国深化一体化的士气和凝聚力，动摇着后入盟国家和弱势边缘国家的信心。在经济上，英国脱欧可能延缓欧盟自由贸易和单一市场的推进。在欧债危机影响未尽、经济复苏依然低迷的形势下，这将使欧盟经济发展更加缺乏稳定。而在欧盟凝聚力下降的情况下，中东欧国家的独立性则明显增强，由匈牙利、波兰、捷克、斯洛伐克组成的"维谢格拉德集团"（Visegrad Group of Nations）影响力正在上升。②

同时，各成员国政治"极端化"倾向开始明显。民粹主义开始大行其道，欧盟许多成员国中极端政党的崛起有加速的态势。这些政党普遍排外、疑欧，甚至宣称要带领自己的国家离开欧盟。

三、难民危机

在过去二十年中，特别是中东和北非的冲突导致移民和难民涌入欧洲国家的数量迅速增加。欧盟边境管理局（EC Frontex）的统计数据表明，2015 年共有超过 182 万非法移民抵达欧洲大陆，其中绝大多数是难民。希腊和意大利是 2015 年无证移民和寻求庇护者进入欧洲的主要切入点。德国则成为个人庇护申请的最大接收国，到 2015 年

---

① 郑春荣:《欧盟逆全球化思潮涌动的原因与表现》,载《国际展望》2017 年第 1 期,第 45 页。

② 刘明礼:《欧盟,重重危机中走进 2017》,载《大众日报》2017 年 1 月 7 日,第 4 版。

底为441,800 人次。[①] 受全球冲突、乌克兰战争以及气候经济因素的影响，2023 年欧盟的难民数量高达 114 万。欧洲难民危机成为令欧盟最为头疼的难题。

更引人担忧的是，不同于以往的欧洲内部难民潮，2015 年爆发的大规模难民潮是受 2010 年以来"阿拉伯之春"（Arab Spring，也称 Arab Revolutions）中东变局的影响，有着明显的伊斯兰宗教文化背景，难民在输出国背景、身份信息和移民动机上，都比波黑战争引发的难民潮要复杂得多，给欧洲各国难民管理机构带来史无前例的压力。以往在处理非正规迁徙、人口贩运和难民问题时，欧盟主要采取移民管辖权，规定第三国国民要以工作、学习或家庭重组为目的，合法进入和居住在成员国内。同时欧盟有权采取遣返政策，以减少非正规移民和难民的数量。毫无疑问，想成功管控这次难民潮，以往的欧盟国家经验很难奏效。由于此次难民来源国政治局面持续动荡，欧盟的遣返政策短期内无法实现，欧洲将不可避免成为这样的一批难民的栖身之地。而让文化背景如此迥异的数百万难民群体被欧洲社会成功接收和整合，基本上是难以完成的任务。

在这种以伊斯兰国家人民为主体的难民大潮背景下，已经备受质疑的多元文化主义政策在欧洲将面临更大挑战。大批移民涌入欧洲，特别是北欧国家以及法国、德国和英国。目前这些地区外国人人口出生率已经超过10%。这也引发了原本在就业市场、房产及子女入学方面竞争失败的那些本地人的反移民情绪，一部分人甚至开始加入反对欧盟的运动。

四、欧盟教育发展危机

21 世纪初，欧盟教育系统面临着教育质量差异和技能就业脱节的

---

① European Union. *Key Figures on Europe*（2015），Luxembourg：Publications Office of the European Union, 2015. https://ec. europa. eu/eurostat/documents/3217494/7072644/KS-EI-15-001-EN-N. pdf/318ee884-50d6-48f0-b086-4410da85d6b6.

双重挑战，这些问题严重影响了欧洲社会公平和经济发展。

首先，教育质量的差异在欧盟内部十分明显。虽然欧盟致力于推动教育的一体化和标准化，但成员国之间的教育资源、设施和教师素质存在显著差距。欧盟在 2012 年发布的报告《警惕欧盟各区域教育发展差距》（Mind the Gap：Education Inequality Across EU Regions）中指出，地域差距在很大程度上制约着欧洲儿童的教育机会及成就。该报告基于欧盟统计署数据，从地理分布与教育发展两大维度展开研究，① 报告指出，教育资源地理空间分布不均的情况在欧洲普遍存在，不仅欧盟各成员国之间的教育发展水平不均衡，各国境内的教育发展也不均衡。这种不平等导致了学生学业成绩的巨大差异，进一步加剧了社会的不平等。例如，一些国家的教育体系能够提供丰富的学习资源和支持，而另一些国家则因经济条件限制，教育资源匮乏。这种差距不仅影响了学生的学习成果，也阻碍了社会的公平和经济的均衡发展。

其次，技能与就业市场的脱节成为另一个突出问题。随着全球化和技术革新的加速，劳动市场对新技能和专业知识的需求发生了快速变化。2012 年的调查数据表明：1/4 的欧洲学生阅读能力低下；1/7 的年轻人过早离校；约 50% 的人口虽达到中等学历，但不符合劳动力市场的要求；在 25 岁至 34 岁人口中拥有大学学历者不到 1/3，而美国的这一比例为 40%，日本则超过 50%。教育质量危机不仅是欧盟短期实施金融危机 "退出战略" 的巨大障碍，也是其长期推行知识经济、低碳经济和数字经济以提高国际竞争力无法突破的瓶颈。② 欧盟亟须彻底改革教育体制，培养面向劳动力市场的创新型人才，切实推动终身教育，使公民技能适应知识技术的升级换代。

除此之外，根据欧盟委员会 2008 年发布的绿皮书，具有移民背

① Ballas，Dimitris et al. Mind the Gap：Education Inequality Across EU Regions. NESSE Report. Brussels：European Commission，2012.

② 江洋：《教育，欧盟后危机时代的战略选择》，载《中国教育报》，2010-06-30.

景的儿童和青少年提前退学的比例是本地人口的两倍以上（11% 对
23%）。[①] 2009 年 PISA 报告也对"具有移民背景学生的学习成果"进
行了分析，发现在大多数欧盟国家中，具有移民背景的儿童和青少年
的学业成绩与本地儿童和青少年相比存在显著差距，而这些差异主要
与社会经济问题、移民政策、到达接收国的年龄以及母语教育有关。[②]
欧盟劳动力调查（EU Labor Force Survey）数据也显示，在欧洲劳动
力人口（15—64 岁）中有近五分之一（17.7%）的人口是出生于欧
洲地区以外的国家，故移民背景人口对于欧洲的经济和社会有巨大的
影响。移民群体的教育问题给欧洲经济发展、社会融合造成了严重
影响。

五、多宗教、多文化、多体制的超级多样性对欧盟形成的离心力

　　欧洲一体化进程一直遵循由简入深的脚步，朝着相容相合的方向
发展。纵观欧盟历史，先是欧洲经济一体化首当其冲，实现了单一市
场；接下来是欧洲政治体制的整合，形成了军事同盟、外交同盟；而
现阶段，文化的整合成为欧洲一体化发展的关键。建立经济基础建设
等硬件系统容易，而文化的改革和相容则是漫长而艰难的过程，其中
结构文化层面、体制文化层面改造相对容易，可是不同族群的价值观
和思维方式受地域环境影响，属与生俱来、根深蒂固，很难改变。如
何通过教育促进欧洲社会向心力，增强欧洲认同感，是摆在教育决策
者面前的难题。

　　欧洲一体化进程中"理想的一体统一与现实的多元多样"冲突使

①　Commission of the European Communities. Green Paper-Migration & Mobility：
Challenges and Opportunities for EU Education Systems，COM（2008）423 final. Brus-
sels，2008.

②　OECD. PISA 2009 Results：Overcoming Social Background：Equity in Learning
Opportunities and Outcomes（Vol. II）. Paris：OECD Publishing，2010.

得欧盟的文化整合过程复杂而又漫长。欧洲由世界上最复杂的民族国家构成，各个国家不仅政治经济发展呈多元化，在语言、文化、宗教上也各不相同，甚至各国人的观念和行为也大不一样。这对形成统一的欧洲认同构成了极大的障碍，而欧洲大陆内部以伊斯兰群体为主的移民平行社会也对欧洲认同提出了巨大挑战。

第二节　提升欧盟公民素养，促进社会进步融合

一、《欧盟 2020 战略》和《欧洲教育与培训合作策略框架》

《欧盟 2020 战略》（Europe 2020 Strategy）和《欧洲教育与培训合作策略框架》（ET2020）是欧盟在应对未来挑战和实现社会进步方面的两大核心政策工具。它们不仅描绘了欧盟的长期发展愿景，还特别关注文化教育的提升，体现了教育在推动经济增长和社会包容中的关键作用。

《欧盟 2020 战略》（Europe 2020 Strategy）于 2010 年 3 月 3 日在布鲁塞尔的欧盟委员会会议上正式发布。这一战略是在欧洲深受国际金融危机影响的困难形势下制定的。2008 年以来，欧洲经济内部面临低增长、高失业的巨大压力，外部面临美国和新兴国家的双重挤压，经济社会发展模式受到严峻考验。为应对欧盟面临的挑战，新战略提出，欧盟未来发展的重点将放在三个方面：推动以知识和创新为主的智能增长；通过提高能源使用效率增强竞争力，实现可持续增长；提高就业水平，加强社会凝聚力，促进包容性增长。这一战略提出了五大具体目标，其中包括提高教育水平和促进社会包容。它强调，通过

提升教育和培训系统的质量与公平性，可以增强欧洲的竞争力，促进社会融合，并提高成员国的整体福祉。

《欧盟2020战略》共提及教育32次，提及培训13次。在其提出的五项量化指标中，一半左右和教育培训相关；在其提出的七大优先行动中，两项属于教育领域，三项涉及教育和培训。教育的重要性可见一斑。

紧随《欧盟2020战略》，2010年6月，欧盟峰会通过了《欧洲教育与培训合作策略框架》（Strategic Framework for European Cooperation in Education and Training，简称ET2020），明确将教育和培训视为欧盟未来发展的核心，提出了未来欧洲教育与培训四大策略目标，具体要求如下：[①]

1. 提高教育与培训的质量与效率；保证所有公民都获得关键能力。

2. 使终身学习及流动成为现实：实施终身学习策略、开发各国与欧洲资格框架一致的认定标准、开辟更灵活的学习通道。

3. 强化创造与创新：教育和培训的各个层次应该促进所有公民的横向能力，即批判性思维的能力、积极主动能力、解决问题和协同工作能力。

4. 促进公正、社会融合和积极公民意识：教育和培训应该培养所有公民就业、未来学习、公民意识和跨文化对话所需要的技能和能力。

这四大策略目标概括来说就是终身学习策略、核心能力培养、公民意识及跨文化能力、创新能力。其中，前三个目标与欧盟多元文化

---

① Council of the European Unions. Council Conclusions of 12 May 2009 on a Strategic Framework for European Cooperation in Education and Training("ET 2020"), *Official Journal of the European Union*, 2009.

教育关系密切，对欧洲移民及少数民族群体的个人发展及社会融合有很大的影响。

二、终身学习核心能力框架
（Key Competence for Lifelong Learning）

核心能力关乎教育要培养什么样的人的核心问题，是欧盟教育政策的核心和焦点。[①] 为确保欧洲经济的发展，充分发掘人的潜力，培养适应时代发展的合格公民，在里斯本欧洲委员会会议上，核心能力应运而生。2006 年，欧盟将终身学习设定为新时期重要发展策略目标。随后在 2006 年 12 月，欧盟议会及欧盟委员会发布了《终身学习的核心能力建议》（Recommendation on Key Competences for Lifelong Learning），其中核心能力被定义为知识经济社会中个体发展自我、融入社会以及胜任工作所必需的一系列知识、技能和态度的集合。[②] 核心能力作为欧盟总体教育目标与政策参考框架，引发了各国教育一场重大的课程变革。

为了打通欧洲各国教育和培训体制并促进欧盟境内学习资格的互认，欧盟委员会在 2008 还发布了《欧洲终身学习资格框架》（European Qualifications Framework for Lifelong Learning，EQF），从知识、技能和态度三个维度提出了八个领域的资格指标，从实践层面上将不同国家的资格认证评估体系与欧洲共同参照体系结合起来，更好地推动了学习者和劳动者的跨国流动，[③] 甚至在世界范围内成为一种教育质

---

① 常飒飒、王占仁:《欧盟核心素养发展的新动向及动因——基于对〈欧盟终身学习核心素养建议框架 2018〉的解读》,载《比较教育研究》2019 年第 8 期。

② European Parliament, Council of the European Union. Recommendation of the European Parliament and of the Council of 18 December 2006 on Key Competences for Lifelong Learning, *Official Journal of the European Union*, L394/10, 2006.

③ European Parliament, the Council of the European Union. Recommendation on the Establishment of the European Qualifications Framework for Lifelong Learning. *Official Journal of the European Union*, C111, 2008.

量参照，大大提升了欧盟的全球影响力。具体如下：

表 5-1　《终身学习的核心能力建议》

核心能力名称	定义与内容
母语交流能力	在社会与文化环境下，以得体和创造性的方式，运用口头与书面形式表达和解读概念、思想、感情、事实与意见的能力。
外语交流能力	除了具备母语交流能力外，还需具备调解与跨文化理解的能力；个体在听、说、读、写四项技能上的水平因社会文化背景、环境、需求及兴趣而有所不同。
数学与科学技术能力	发展数学思维，用数学方法处理日常生活问题；运用科学知识与方法解释自然现象、发现问题并得出结论的能力。
数字能力	自信、思辨地在工作、娱乐和社交中使用信息技术的能力，包括信息检索、评价、储存、呈现与交换，以及互联网交流与协作的微技能。
学习能力	追求与坚持学习、规划学习的能力，包括意识到自我学习过程和需求，寻找学习机会，克服学习障碍，并有效获取、处理、同化新知识和技能。动机与信心是关键。
社会与公民能力	个人、人际与跨文化能力，使个体能有效参与社会生活，尤其在多元社会中解决冲突，并基于社会与政治知识结构，承担民主参与的责任。
创新能力	将理想转化为行动的能力，包括创造、革新、承担风险，以及制定策略和管理计划以实现目标的能力。
文化意识与表达能力	欣赏多样化的观念、经验与情感的创新表达，并具备对欧洲共同文化遗产的知识、技能与态度。

　　欧盟核心能力一经推出，便得到欧盟各成员国的积极响应。许多国家都实施了针对核心能力的教育政策和教育行动计划，在核心能力课程实施与评价方面开展了大量的实践探索。

　　2017 年欧盟委员会发布《关于培养核心能力开展终身学习的建议》（Recommendation on Key Competences for Lifelong Learning），对各国核心能力框架进行了全面审查，审查结果表明：一方面，核心能力框架推动了各成员国的课程改革。譬如，以欧盟核心能力框架为参考，捷克和斯洛伐克进行了区域性课程改革、比利时制定了中等教育的跨学科课程目标；另一方面，部分成员国对核心能力框架的理解有误。比如西班牙在实施核心能力课程时，没有将核心能力纳入课程，而将其简单等同于某种技能，对课程改革和学生发展产生了不利影响。

通过此次审查，欧盟委员认为欧洲终身学习核心能力框架宏观上促进了以能力为导向的教育教学改革，微观上面对不同目标群体，定义更加广泛，更具可操作性，能够促进教育机构和学校采取更有效、更全面的方法培育学习者以适应社会的变革。

2018 年 5 月 22 日，欧盟再次对核心能力框架进行修订，发布《欧洲终身学习核心能力建议框架 2018》（Council Recommendation on the Establishment of the European Qualifications Framework for Lifelong Learning，2018），简称"2018 框架"。"2018 框架"作为升级版，不仅体现欧盟在核心能力发展方面政策及观点的历史传承，而且也体现出欧盟针对时代变迁的回应以及对当前欧洲经济、社会以及教育等热点问题的思考。[1]

"2018 框架"成为欧盟教育和培训系统的"顶层计划"，其核心理念是使每一位欧盟公民在知识经济和全球化浪潮的冲击下不被淘汰，能在实现个人自身价值的同时促进社会经济的发展。这样一来，个人的发展就与社会、经济的发展紧密联系起来。对个人来说，核心能力提升了个人发展，为其追求美好生活奠定了坚实的基础，为实现终身学习的愿望提供了有力支撑。对社会来说，核心能力满足了其培养现代公民、提高公民素质、增强社会凝聚力的刚性需要；从经济方面来看，核心能力是欧盟利用文化多样性的优势，因势利导，为欧盟传送优质人力资源，使其在激烈的国际竞争中立于不败之地的有力保障。总的来说，欧盟的核心能力框架蕴含了个人、社会、经济共同持

---

[1] 常飒飒、王占仁：《欧盟核心素养发展的新动向及动因——基于对〈欧盟终身学习核心素养建议框架 2018〉的解读》，载《比较教育研究》2019 年第 8 期。

续发展进步的美好愿景。它与欧洲的终身学习策略紧密结合，涵盖学前教育、基础教育、职业教育、高等教育、成人教育各个领域，在课程计划的研制、学业成就测量与评价的开发，以及教师培训等方面起到了统领指导的作用，是欧盟教育改革的重要途径和有力保障。[①]

三、《关于跨文化能力的结论公告》
Council Conclusion on Intercultural Competence，2008

2012欧盟格朗特威格学习伙伴（Grundtvig Learning Partnership）在《教育中的跨文化学习》（FILE）项目报告中将跨文化学习界定为一种学习者增强对自文化及他文化的意识从而获取更多知识与理解的过程。在这个过程中，学习者不仅学会更好地认识了解自文化以及自己的民族与国家，更需要拓宽文化视野，用宽容与欣赏的态度去了解他者，欣赏差异，在教育活动中交流经验，学会对不同种族、民族、语言、宗教和文化传统加以理解，学会通过对话、协商和交流以消除隔阂，增进理解，积极助推平等和团结理念，打造一个充满凝聚力的团结的欧洲。[②]

在跨文化的学习过程中，学习者通过与环境的互动获取经验和知识，进而获得身心发展，因此本质上也属于个体的自我意识与自我超越。在这个过程中，个体对异族文化进行学习后反观自己的文化，通过对两种文化的通达理解，实现自我知识与技能、情感、态度及行为等方面的综合发展，从而提升跨文化能力。在这个过程中，不仅有教育活动的外部客观影响，还有学习者个体的主观选择、主动参与，因

---

① 陈晓雨、李保强：《欧盟新动态：更新核心素养，培育全球公民》，载《上海教育科研》2018年第7期，第13-17页。

② Documentation of the Grundtvig Learning Partnership：（Inter）Cultural Capital-sacross Europe-Intercultural Approaches in Adult Education in the Context of European-Capitals of Culture. https://www. educult. at/wp-content/uploads/2011/08/Documenta-tion＿Partnership＿ICE＿26＿10＿11. pdf #：~：text = The% 20partnership% 20was% 20carried% 20out% 20in% 20the% 20context.

此大大改变了以往教育的自上而下的"强制性"属性，通过激发学习者的内在动机，促使个体内在变化的发生。

表5-2 《关于跨文化能力的结论公告》

跨文化能力的具体内容		
知识维度	技能维度	态度维度
外语词汇、语法及语言表达形式等知识	使用外语进行口语会话、阅读和理解文本的技能	对文化多样性持有欣赏的态度
关于社会习俗与文化方面的知识	使用词典等辅助工具和自学外语的技能	对语言、社会经济活动和跨文化交流充满兴趣和好心
对不同社会文化环境中认同的行为方式的认识	在不同社会文化环境中进行建设性地交流的技能	协作、自信果断和诚实正直
有关个人、组织、性别平等和非歧视及相关社会文化知识，有关多维社会经济和多元文化的知识	包容和理解不同文化和观点的技能	尊重他人，不持偏见
对本国、欧洲、世界历史、现实问题和趋势的知识；对欧洲一体化和欧盟组织结构和运作、多样性及文化认同的知识	表达处理压力挫折的技能	对自己文化的良好认同感
有关当地、国家和欧洲文化遗产及其世界地位的知识，包括主要文化作品的基础知识；对欧洲及世界各地文化和语言多样性的知识	辨别和认识文化活动中蕴藏的社会和经济机遇的技能	开放的心态，参与文化生活、提升审美能力的意愿

2008年，欧盟发布《关于跨文化能力的结论公告》（Council Conclusion on Intercultural Competences）（以下简称"《公告》"），强调跨文化能力在欧盟核心能力中的重要位置，并分别从知识、技能、态度三个维度对跨文化能力进行了描述。

知识维度、技能维度和态度维度清楚地表明，跨文化能力不应被看作是一种单纯的知识与技能，而应被视为一种更深刻、更广泛的文化意识、文化态度及思维方式的反映，突出了对权力关系的批判性分析，体现了以行动促进变革的能力维度。[1]

《公告》结合跨文化学习与文化教育的密切联系，分别从文化和教育两个领域对其活动的开展进行部署。在文化领域，《公告》指出：（1）要在欧洲大力推广文化多样性，鼓励跨文化对话，以培养开放、包容的社群；（2）鼓励所有人积极参与和接触欧洲多样的文化生活与文化传统；（3）改善欧洲艺术家和艺术作品的流动条件，促进跨境文化交流；（4）在文化和艺术教育领域，支持与正规教育、非正规教育以及培训之间的合作。（5）注重公民多语言能力的培养，鼓励翻译活动以促进对不同语言艺术表达的理解。在教育领域，《公告》提出要部署实施下列相关行动以促进欧洲公民的跨文化能力：（1）培养公民终身学习的观念，帮助公民获得与跨文化能力相关的核心能力，包括语言能力、文化意识和表达能力、社会交往能力、公民能力等；（2）倡导基于平等原则制定教育政策，使来自不同社会背景和文化背景的人都可以不受任何歧视地融入主流教育和培训中；（3）提供多种多样的正式、非正式语言学习机会，充分利用现代信息通讯技术和远程教学手段，积极推进欧洲多语言学习，提升公民的多语能力；（4）在学习者、教师和其他教育科研工作者中推行流动计划，推动教育研究领域的跨文化对话；（5）发展教师的跨文化能力，开展教师培训以帮助教师更好地应对文化多样性。[2]

在政策实施方面，欧盟委员会通过"扩大后的欧洲人际与跨文化

---

① Council of the European Union. Council Conclusions of 22 May 2008 on Intercultural Competences. *Official Journal of the European Union*, C141/09, 2008.

② Council of the European Union. Council Conclusion on Intercultural Competences. 2868th Council meeting（Education, Youth and Culture）. Brussels, 2008 - 5 - 21/22. https://www. consilium. europa. eu/uedocs/cms _ Data/docs/pressdata/en/educ/100577. pdf.

能力资助项目"（Interpersonal and Intercultural Competence for the Enlarged Europe, IICEE），在欧洲十二个国家展开跨文化能力培养模式探索，通过对各国跨文化能力培养模式及效果的分析与比较，总结经验，促进欧洲境内跨文化学习的推广。[①] 2015 年，欧盟委员会与欧洲理事会、欧洲议会、欧洲经济与社会委员会以及各区域委员会进行讨论沟通后，共同发布《欧洲教育与培训 2020 战略框架实施联合报告》（Joint Report ET 2020）。报告从 2015 年欧洲爆发的极端冲突事件入手，强调要利用教育培训在促进平等、包容价值观，培育尊重理解的文化态度，嵌入基本价值观方面的重要作用，将欧洲教育培训的战略焦点调整为：促进平等和非歧视，培养公民的跨文化能力和积极公民身份意识，指出"教育必须对社会凝聚力、平等、非歧视和文化能力作出贡献"。[②]

四、欧盟数字教育行动计划

进入新世纪，随着互联网的普及与移动技术的广泛使用，数字教育得以迅速发展，各种教育软件教学平台纷纷兴起，VR 和 AR 技术使得沉浸式学习成为可能。数字技术的革新极大地改变了传统的教学方式，AI 技术的突破性进展更是让个性化自主化的学习路径成为可能。同时，数字教育使得偏远地区和经济条件较差的学生也能接触到优质的教育资源，为终身学习的普及、多元文化教育的开展以及促进教育公平提供了可能。

---

① Wilkinson etc. Interpersonal and Intercultural Competence for the Enlarged Europe（IICEE）. Knowledge－based Economy：Management of Creation & Development. *Proceedings of the International Scientific Conference*, 22－23 September 2005, *Kaunas*. Kaunas：Vytautas Magnus University, 2005.

② Council of the European Union. European Commission. 2015 Joint Report of the Council and the Commission on the Implementation of the Strategic Framework for European Cooperation in Education and Training：New Priorities for European Cooperation in Education and Training, *Official Journal of the European Union*, 2015/C417/04, 2015.

作为区域性经济合作的国际组织和全球经济最发达的地区之一，欧盟认为教育和培训是关乎欧洲未来的最好投资，并特别强调教育与培训系统应适应数字时代的发展要求。为此，2018年1月17日，欧盟委员会通过了首个《数字教育行动计划2018—2020》（Digital Education Action Plan 2018—2020）。由于三年的期限使很多行动无法持续开展，同时也受到2020年新冠疫情的影响，该行动计划的实施并不理想。基于此，2020年9月30日，欧盟委员会又发布《数字教育行动计划2021—2027》（Digital Education Action Plan 2021—2027），进一步呼吁欧盟各国加强一体化合作，在欧洲开展高质量、包容性和无障碍的数字教育。

《数字教育行动计划2021—2027》在指导原则中明确指出：高质量包容性的数字教育要成为所有欧盟教育和培训机构的战略目标；数字时代的教育转型是全社会的共同任务；网络连接、数字设备等方面的投资应确保每个人都能接受数字教育；数字教育应在促进社会公平和包容性方面发挥关键作用；数字能力应成为所有教育工作者的核心技能；着力培养公民的数字素养；基本数字技能应成为每位公民都必须具备的核心技能；培养具备高级数字技能的专业人才对于保持国家竞争力和支持社会数字化转型非常重要；欧盟应在数字教育的内容、工具和平台等领域做出更多努力，以更好地支持终身学习。[1]

同时，欧盟于2013年、2016年、2017年、2022年发布并不断升级了"欧盟公民数字能力框架"（The Digital Competence Framework for Citizens，DigComp），并根据数字时代的发展和技术革新不断予以更新。该框架的研制经历了概念映射、案例研究、利益相关者的在线咨询，召开专家研讨会，提出概念性框架提案，多方利益相关者协商并达成共识等过程，最大程度地凝聚了多方利益相关者的共识，最终形

————————

①　European Commission. Digital Education Action Plan 2021‒2027：Improving the Provision of Digital Skills in Education and Training. Luxembourg：Publications Office of the European Union，2023.

成了一个结构上科学完善、文化上多元实用的参考框架。①

2020 年 2 月 19 日，欧盟委员会出台《塑造欧洲的数字未来》（Shaping Europe's Digital Future）的通讯文件，对未来五年欧洲数字经济发展做出了系统规划，与此同时，欧盟委员会还发布了《欧洲数据战略》（The European Data Strategy）和《人工智能白皮书》（White Paper on Artificial Intelligence）。

五、《通过教育促进公民权利以及自由、包容、不歧视的共同价值观》
Promoting Citizenship and the Common Values of Freedom，Tolerance and Non-Discrimination through Education，Paris 2015

2015 年初，欧洲地区多次发生恐怖袭击事件，其根源在于长期积累的种族与宗教矛盾，而这些矛盾的深层原因，则是欧洲社会长期存在的歧视与排外思潮。在欧洲面临恐怖主义、极端主义和社会分裂等挑战的情况下，欧盟委员会于 2015 年 3 月 17 日发布了《通过教育促进公民权利以及自由、包容、不歧视的共同价值观》，又称《巴黎宣言》。《巴黎宣言》包括两个方面，分别为欧洲层面（European Level），国家、区域和地方层面（National，Regional and Local Level）。

《巴黎宣言》在欧洲层面提出欧盟各成员国应当通过在教育领域进行合作来解决欧洲面临的共同挑战——恐怖袭击。欧盟当局认为在恐怖袭击面前，各成员国迫切需要加强协调与合作，共享应对挑战的经验和方法。

《巴黎宣言》在欧洲层面的主题十分明确，大致分为以下四个方面：一是通过促进公民权利、社会包容、不歧视以及积极的公民认

---

① 刘晓峰、兰国帅等：《迈向教育数字化转型的欧盟四版公民数字能力框架：演进、比较、特点和启示》，载《现代远距离教育》2023 年第 3 期。

同，确保年轻人具备跨文化能力；二是提升公民在互联网和社交媒体方面的素养，倡导批判性思维，抵制歧视；三是促进弱势儿童教育，以确保教育和培训体系满足需求；四是让年轻人通过各种形式的学习与利益相关方合作，促进不同文化之间的对话。

在国家、区域和地方层面的具体实施方面，《巴黎宣言》突出了儿童和青少年的重要性。提出儿童和青少年关系着欧盟的未来，欧盟必须为儿童和青少年创造机会；不允许种族主义存在，竭力维护机会均等以防止儿童和青少年被边缘化；使儿童和青少年形成主动参与社会生活并积极贡献的意识；重申各民主国家基于共同的核心价值观——尊重人的尊严、自由、民主、平等和人权，呼吁各成员国团结一致，渡过难关。

同时，《巴黎宣言》进一步在教育方面提出了具体的实施方法与要求。主要分为以下六点：一是重点加强教育对个人发展、社会包容和公民参与的作用，通过教育传授基本的价值观并将其作为构成欧盟社会观念的基础；二是确保所有儿童和青少年反对种族主义、接纳全面教育，促进公民理解并接受差异意见、信念、信仰和生活方式，尊重法治、多样性和性别平等；三是加强儿童和青少年的批判性思维和判断力，特别是在互联网和社交媒体环境中，使其能够明辨是非、抵制仇恨言论；四是缓解地域、社会、教育的不平等，以及其他可能导致归属感缺失的因素，通过为所有的学生提供必要的知识与技能，使其建立自身专业发展规划并找到成功的途径；五是鼓励教师与教育利益相关者对话，特别是与家庭对话，促使儿童和青少年主动参与社会事务，产生归属感；六是教师要反对一切形式的歧视和种族主义，帮助儿童和青少年提升网络素养，传授共同的基本价值观，防止不包容现象发生。[①]

该宣言重申了欧盟对于改变现状的决心，并宣扬了欧盟的核心价值观：尊重人的尊严、自由、民主、平等和人权。

---

① 姜峰、陈锦韬：《欧盟〈通过教育促进公民权利以及自由、包容、不歧视的共同体价值观〉宣言述评》，载《世界教育信息》2017 年第 20 期。

六、欧盟社会权利支柱行动计划[①]
European Pillar of Social Rights Action Plan，2017

随着全球化进程的加快和金融危机的冲击，欧盟面临着日益严峻的社会挑战，包括收入不平等、失业率上升和社会排斥现象。为了增强社会公平性、提升社会保护水平以及促进社会凝聚力，2017 年 11 月 17 日欧盟委员会于哥德堡峰会发布了《欧洲社会权利支柱行动计划》。这一行动计划旨在强化一体化之社会维度，为欧盟公民提供新的、更有效的权利，以构建一个更公平的欧洲并为社会保障体系的改革提供指导。

《欧洲社会权利支柱行动计划》的发布标志着欧盟在社会政策方面的重大进展。它为欧盟成员国提供了一个共同的社会政策框架，强调了教育和社会包容在提升社会公平性和包容性方面的重要作用。通过确保教育机会的平等和对社会弱势群体及少数群体的保护，以减少社会不平等现象，推动社会融入，增强社会包容性，促进所有人的全面参与。这不仅增强了欧盟的社会融合能力，还提升了各国在应对社会挑战时的合作效率，为实现一个更加包容和繁荣的社会奠定了基础。

《欧洲社会权利支柱行动计划》涵盖了二十项原则，分为三大领域：公平就业机会、社会保护和包容。具体包括以下内容：

表 5-3　欧洲社会权利支柱二十项原则

社会权利领域	原则	内容
公平就业机会	平等就业机会	确保所有人享有平等的职业机会和待遇，获得有尊严的工作条件和适当工资。
	性别平等	保障男女在各个领域享有平等机会和待遇，消除性别歧视。

---

① European Commission. The European Pillar of Social Rights Action Plan. Luxembourg：Publications Office of the European Union，2021. https：//www. cedefop. europa. eu/files/european_pillar_of_social_rights_action_plan. pdf.

续表

社会权利领域	原则	内容
公平就业机会	适当工资	确保工资水平足以满足基本生活需求，提供体面的生活条件。
公平就业机会	职业健康与安全	提供安全的工作环境，保障工人的身体健康。
	终身学习和教育机会	确保普及优质教育和培训，支持终身学习，提高就业能力。
	尊重工人的权利	保障工人的基本权利和工作条件，促进劳工权益保护。
社会保护	健全社会保障体系	建立失业救济、健康保障和养老保障等社会保护体系。
	有效的社会保护	确保社会保障体系的有效性和覆盖面，保障所有人受益。
	健康保障	提供基本医疗服务，确保所有人的健康权益。
	工作与生活平衡	实施家庭友好政策，促进工作与生活的和谐发展。
	公平的税收和社会保障体系	建立公平合理的税收和社会保障制度，以支持社会福利。
	家庭和儿童福利	提供家庭和儿童的福利保障，支持家庭稳定发展。
	保障残疾人的权益	提供支持措施，确保残疾人能够平等参与社会生活。
	儿童保护	保障儿童权益，确保其健康成长和受教育机会。
社会包容	无歧视	反对所有形式的歧视，促进社会公平与包容。
	社会对话和参与	促进工人参与决策，确保社会对话的有效性。
	社会融入	支持弱势群体融入社会，确保他们全面参与社会活动。
	反对社会排斥	采取措施防止社会边缘化，促进包容性社会建设。
	无贫困	采取措施消除贫困，保障每个人的基本生活条件。
	平等机会和待遇	确保所有人在就业、教育和社会参与方面享有平等待遇。

第三节　欧盟多元文化教育的突围路径：
欧洲公民教育

进入 21 世纪，随着欧盟的扩大，社会人口构成愈发多元，欧洲社会族群间矛盾日益尖锐。而这一时期国际社会极端恐怖主义事件的频繁出现使得族群文化冲突进一步升级。曾经被奉为圭臬的欧洲多元文化主义，开始遭遇多方批判和攻击。有些批评者认为多元文化主义过分强调文化差异，导致了严重的社会分裂和分化，不利于国家的团结和统一；[①] 有些批评者认为多元文化主义使少数族群只注意文化现象，不注意政治、经济权利，实际上制造出了更大的不平等，对移民群体文化的保护和福利上的慷慨相助，不仅没有促进移民的社会融合与公民认同，反而使移民变得更加依赖福利，在社会上和经济上形成被更加边缘化的局面。[②] 还有的批评者认为多元文化主义仅仅是一种理想，近似于知识分子的乌托邦，"虽然在制度上和道德观点上走在了时代的前面，却在文化冲突和隔阂的现实中陷入了无力辩解的困境"。[③]

2005 年 7 月英国的伦敦地铁七七爆炸案、2005 年 10 月法国巴黎的大规模骚乱、2004 年 3 月 11 日西班牙马德里的火车连环爆炸案和 2011 年 7 月 22 日挪威布雷维克枪击案让各国政府将矛头指向多元文化主义，认为是多元文化主义过分倡导的平等多元导致了社会矛盾的

---

① Duignan,P. Dangers of Multiculturalism:The American Experience,in Fitzgibbons,Robert E. and Raymond J. ZuWallack. (eds.) *Encounters in Education*. Fort Worth:Harcourt Brace College Publishers,1998,p. 244.

② Koopmans, R. Multiculturalism and Immigration: A Contested Field in Cross-national Comparison,*Annnual Review of Sociology*,2013,Vol. 39,p. 147.

③ ［美］阿瑟·赫尔曼:《文明衰落论》,张爱平等译,上海:上海人民出版社,2007 年,第 405 页。

激化，造成欧洲社会的分裂局面。面对来自四面八方的批评和指责，欧洲多元文化主义面临着前所未有的严峻挑战。①

在欧洲，荷兰是首个对其多元文化政策进行反思和批判的国家。荷兰的主流社会认为多元文化主义所倡导的族群多样性已经严重威胁到了荷兰的传统生活方式，认为有必要停止多元文化社会模式，重新推广以荷兰本土社会价值观为核心的文化政策。而欧洲一些国家的右翼政党，如丹麦人民党打出"丹麦是丹麦人的"选举口号，利用欧洲民众对外来移民的排斥心理，大肆宣扬民粹主义。随后，2010年10月17日，德国总理默克尔（Angela Merkel）在基督教民主联盟党的一次会议上宣布，德国试图建立多元文化社会的努力彻底失败。多元文化主义，即"大家一起快乐生活"的理念在德国行不通。她还指出，移民群体有责任接受德国文化和价值观，有责任学好德语，有责任努力融入德国社会。而今的融入失败与移民群体自身不无干系。英国首相卡梅伦（David Cameron）也在2011年2月发表讲话，将英国长期以来所倡导的多元文化政策描述为"失败"。卡梅伦认为英国必须放弃灾难性的多元文化主义，停止制造字面上合法的种族隔离并坚决捍卫西方的自由价值观。同年，法国总统萨科齐（Nicolas Sarkozy）则指出："我们过于关注来到法国的这些移民的认同，而忘了我们自己的认同问题。"②

更让人想不到的是，欧洲社会的少数族群也开始对多元文化政策表示不满，认为这些政策不仅没有给他们带来社会、经济和政治方面的好处，反而加剧了他们与主流社会的分离，形成了间接歧视。

在各种反对的声音中，在政治舆论影响下，欧盟的政策文本中开始对多元文化避忌不谈，多元文化主义在欧洲政治、政策语境下逐渐消

---

① 宋全成：《族群分裂与宗教冲突：当代欧洲国家的恐怖主义》，载《当代世界社会主义问题》2014年第3期，第106-114页。

② Barrett, M. (ed.) *Interculturalism and multiculturalism: similarities and differences*, Strasbourg: Council of Europe Publishing, 2013, p. 21.

退，取而代之的是文化多样、多样治理、跨文化主义这些术语的使用。

一、多元文化教育与跨文化教育

可以肯定地说，多元文化主义作为一项公共政策在欧洲已遭受了相当大的政治损害，在这种情况下，与之紧密相关的多元文化教育也必然备受影响。多元文化教育是多元社会中公民重塑身份以实现平等的宝贵手段，这样的论点已经不再像以往那样被欧洲民众广泛接受。在有些欧洲国家，如德国、希腊和比利时，政策文本中开始使用跨文化教育，对多元文化大有弃之不用之势。而跨文化教育究竟是多元文化的更进一步，还是国际政治因素影响下更换字眼的权宜之计，成为很多学者争论的焦点。

早在 1992 年，联合国教科文组织在日内瓦举行的第 43 届国际教育大会上发布的《教育对文化发展的贡献》（The Contribution of Education to Cultural Development）一文中，首次提出跨文化教育，并将其与多元文化教育置于并列地位，做出如下说明："跨文化教育/多元文化教育，是为全体学生和公民而设计、旨在促进对文化多样性的尊重与理解的教育，其实施需要贯穿于所有学科教育，体现在整个学校结构。这种教育要求教育工作者和相关合作伙伴（包括家庭、文化机构与传媒）的共同努力。跨文化教育/多元文化教育包括了为全体学习者所设计的计划、课程或活动，而这些计划、课程或活动，能促进学习者对教育环境中文化多样性的重视，增强他们对不同团体文化的理解，同时促进学生的文化融入和学业成功，最终增进人们的国际理解，消除社会存在的排斥和歧视现象。"① 该文件认为，多元文化、跨文化都是针对多元化社会的政策反应，两者区别不大，可以混用。因

---

① UNESCO International Bureau of Education, The Contribution of Education to Cultural Development, International Conference on Education, 43rd Session, Geneva, 1992 - 9 - 14 ~ 19, pp. 12 - 13. https://unesdoc. unesco. org/ark:/48223/pf0000093611. locale = en.

此在欧洲语境下，术语"多元文化""多元文化主义"和"跨文化主义"通常是混淆的，甚至被视为同义词。

英国学者沃特森（C. W. Watson）对多元文化主义进行了比较系统的梳理和总结，他认为："多元文化主义首先是一种文化观。秉承文化相对论的观点，多元文化主义认为没有任何一种文化可以证明比其他文化更为优秀，因此任何把自己的标准强加于其他文化的做法都是违背多元文化原则的。因为多元文化主义的核心就是承认文化多样性，承认文化平等性以及文化的相互渗透性。其次，多元文化主义又是一种教育理念，主张传统教育必须修正改变对非主流文化的排斥，学校必须帮助学生消除对其他文化的误解、歧视以及对文化冲突的恐惧，学会了解、尊重和欣赏其他文化。再次，多元文化主义又是一种公共政策。这种政策旨在消除歧视，实现所有人在社会、经济、文化和政治上机会平等。任何以种族、民族或民族文化起源、肤色、宗教和其他因素为理由的歧视都是不允许的。多元文化主义强调种族平等和宗教宽容，最终实现社会平等而非文化平等。在这个意义上，多元文化主义也是一种意识形态和价值观，通过动员社会力量，推动社会改革，以实现不同群体文化和物质上的繁荣以及人类本身的自由和尊严。"①

由多元文化主义衍生的多元文化教育以文化差异为逻辑起点，以文化平等为追求目标，旨在通过教育使每个儿童的基本人权都能得到保障，使他们学会尊重文化差异，消除种族歧视，进而建立一个平等、自由、平衡的文化和社会。

和多元文化相比，跨文化更侧重于个人而非集体，更注重沟通、对话而非差异的承认。跨文化主义倡导通过跨文化对话促进价值交流，消除文化隔阂，从而培养对不同种族、民族、语言、宗教、传统

---

① ［英］沃特森，C. W.：《多元文化主义》，叶兴艺译，长春：吉林人民出版社，2005 年，第 1 页。

以及生活方式的开放心态，避免偏见和种族刻板印象，最终促成新的共同文化的形成，达到对世界性文化的欣赏与理解。[1] 同时跨文化教育也是更具动态的一个理念，更注重文化群体间的动态关系，尤其致力于打造一个享有共同价值观的有凝聚力的社会。

如果从字面含义来看，"多元"注重描述特征，而跨文化中的"跨"则侧重两者或多个之间的关系、沟通和交互。虽然一个是静态，一个是动态，但从实质上看，二者并没有太大差别。但是多元文化主义的反对者认为多元文化主义基于多数和少数人的对立，支持隔离，而不是建立对话、互动和共同价值观。他们认为跨文化更注重互动、交流，强调动态认同，更有利于消除障碍，促进统一。但实际上，文化互动交流同样也是多元文化主义一直以来所极力提倡的。[2]

如此看来，跨文化教育和多元文化教育有很多共同特点。两者都珍视文化多样性，重视文化融合和社会融合。同样，两者也都关注如何从制度上消除政治经济和社会不利，以及少数民族群体经常面临的不平等待遇，包括采取措施打击歧视，采取肯定性行动对弱势群体进行援助，从体制上消除教育不利因素等。

因此有人认为跨文化是在多元文化政策的基础上再向前迈进一步，在保留多元文化政策对文化多样性的肯定的基础之上，纠正多元文化政策下各种文化的分离状态，促进文化间的合作与交往。[3] 但也有人认为，跨文化教育强调的是单维单向，而多元文化教育则侧重于多维多向，二者存在后者包容前者的关系。[4] 更有学者认为，欧洲的

---

[1] 姜亚洲、黄志成：《论多元文化主义的衰退及其教育意义》，载《比较教育研究》2015 年第 5 期，第 26-30 页。

[2] Meer, N., Modood, T. How Does Interculturalism Contrast with Multiculturalism?. *Journal of Intercultural Studies* 2011, Vol. 33, No. 2, pp. 175-196.

[3] 黄志成：《跨文化教育：一个新的重要研究领域》，载《比较教育研究》2013 年第 9 期，第 5-9 页。

[4] 苏德：《少数民族多元文化教育的内容及其课程建构》，载《中央民族大学学报(哲学社会科学版)》2008 年第 1 期，第 90 页。

跨文化教育即多元文化教育，后者作为政策术语被弃用的背后有着复杂的政治原因，但究其本质，欧洲的跨文化教育还是一种多元文化教育。

为了应对跨文化教育和多元文化教育争论不休的局面，联合国教科文组织在 2006 年发布的《跨文化教育指南》（Guidelines on Intercultral Education）中对多元文化教育和跨文化教育作了进一步的比较和概念澄清。（1）从政策结果来看，多元文化注重承认差异，友好共处，而跨文化倡导尊重差异，实现社会整合。（2）从政策运作重点来看，多元文化弘扬差异，而跨文化提倡互惠对话，共同创新。（3）从政策目标来看，多元文化注重认同族群身份，而跨文化注重跨文化能力的培养。（4）从政策内容来看，多元文化强调基于文化差异的机会均等，跨文化强调运用文化资源实现平等、高质的教育。（5）从政策本质来看，多元文化着眼于少数民族教育，跨文化则立足全球时代下的公民教育。①

这些比较和分析都反映出多元文化教育和跨文化教育之间的密切联系。虽然《跨文化教育指南》并没有成功平息依旧在进行的争论，但还是可以让我们清晰地看到教育决策者们的价值取舍及态度。从"融合""对话""跨文化能力的培养""运用文化资源实现平等""高质量的教育"以及"公民教育"这些字眼，更能看出弃用"多元文化"这一术语背后的政策转向。

二、欧洲多元文化主义指数调查

欧洲少数族裔和移民群体构成多样，宗教、语言繁多，文化结构交错复杂。特别是 20 世纪 50 年代以来，世界性的移民趋势开始由原殖民地半殖民地边缘地区向欧美等世界经济中心地区迁移。原本已然

---

①　UNESCO Guidelines on Intercultral Educaiton Paris：UNESCO，2006，pp. 17-18.

多族裔、多文化的欧洲大陆，经历了人口结构的进一步改变，社会环境更加多元复杂。

欧盟早期的多元文化政策主要从保护少数族裔和移民群体的基本权利入手，倡导各文化群体相互理解，和睦共处。在移民教育方面，一边促进移民子女在东道主国家学校的融合，一边继续帮助移民子女维持与母语和原文化的联系。同时大力发展多语言政策，将多语言政策视为和平解决族群矛盾，进而实现不同族群、不同文化间理解与尊重的重要手段。

进入 20 世纪 80 年代以来，欧洲的多元文化教育主要被用以融合外国移民，使来自不同族群、不同族裔的学习者认识到彼此在语言、宗教、文化上的共性和差异，互相尊重相互理解。但是由于欧洲实行的多元文化教育具有双轨性，欧洲本土以外的少数族裔和移民文化以及传统习俗等始终被视为外来文化，是一种隔离于欧洲本土文化的存在，在这种隔离状态下，外来族群和本土主流社会彼此独立，互不干预。此间虽然鼓励少数族裔学习母语及源文化，但更强调的是要求少数族裔对欧洲文化的学习、适应和融入。这个阶段的多元文化教育政策以补偿和同化为主要特点。多元文化以主流文化教育为主导，强调理解、关注和尊重其他文化，其主要目的是为了避免社会矛盾，帮助非主流文化群体适应并尽快融入，以确保主流社会的稳定发展。有人因此将这样的结果归咎于多元文化教育，认为多元文化教育理念中隐含的主流文化和非主流文化的社会地位本身就是不平等的。

从这一发展历程可以看出，欧洲的多元文化教育是不完全的，其对待少数族裔文化的态度依然是从欧洲中心主义衍生出的一种施恩和同化，对移民和少数族裔的歧视和不公平对待依然存在。而欧洲政要们"多元文化主义已死"的言论，虽然在一定程度上反映了欧洲各国在处理多元文化问题上的政策性失败，但这种失败并不是多元文化主义所主张的文化平等观念的失败，而是欧洲社会在扩大制定包容性政策上的失败。①

　　就在欧盟对多元文化主义产生怀疑，多元文化术语逐渐在欧洲政策语境中消失不见之时，关于多元文化的争论却仍在进行。为了证明多元文化主义在欧洲依然发挥作用，加拿大学者金里卡（Will Kymlic-ka）与班廷（Keith Banting）采用多元文化主义指数的量化指标，对21 个经合组织（OECD）国家在 1980 年、2000 年和 2010 年三个时间点的多元文化政策指数进行了测定。衡量的指标有以下八项：（1）是否在中央、地区或市级层面，以宪法、立法或议会形式正式确认多元文化主义；（2）在学校课程设置中是否纳入多元文化主义内容；（3）在公共媒体的职能或媒体许可授权中是否体现对族群代表性或文化敏感性的考量；（4）是否通过立法或司法判例，对特定着装规范给予豁免；（5）法律是否允许双重国籍的存在；（6）是否对族裔团体组织提供财政支持，以开展文化活动；（7）是否为双语教育或母语教学提供公共财政支持；（8）是否对处于不利地位的移民群体实施肯定性政策（affirmative action），以促进其社会融入与机会平等。研究者根据这八项指标对各国的多元文化政策实施程度进行考察。通过测定，金里卡和班廷发现 2000 年至 2010 年十年间上述 21 个国家中，大部分国家的多元文化主义指数都在向上走，除荷兰的明显下降和丹麦、意大利的轻微下滑之外，其他国家都呈上升或稳定发展趋势。②

　　这些数据和"欧洲晴雨表"在 2007 年进行的调查数据显示一致，在这项对欧盟 27 个国家 27000 位公民的调查中，75% 的受访者认为来自不同民族、宗教和国家背景的人丰富了本国的文化生活，其文化

---

　　①　王建娥：《多元文化主义观念和实践的再审视》，载《世界民族》2013 年第 4 期，第 6 页。

　　②　Banting K，Kymlicka W. Is There Really a Backlash Against Multiculturalism Policies? New Evidence From the Multiculturalism Policy Index. *Comparative European Politics*，2013，11（5），pp. 577-598.

传统应当得到保护与传承。[1] 而库普曼斯（Ruud Koopmans）的移民公民权利指标（Immigrant Citizenship Rights Index，ICRI），包括23个指标，从个体平等、不受歧视和多元文化多个维度进行调查，其结果与金里卡的相同。[2]

班廷和金里卡的研究数据还显示上述国家在融合政策上也有所加强。这其实并不矛盾。融合政策符合大多数西欧民众的期望，他们更希望外来移民能放弃原来的传统、信仰和文化，接受本国的价值观，从而融入本土社会。尽管不同国家的融合政策各有其特点，但其共同的特征是让外来移民更多地承担融入当地社会的责任。例如荷兰在实行融合政策的过程中，加大了对外来移民的要求，通过提高公民融入考试的难度，要求在荷兰的来自欧盟及瑞士、挪威等国之外的移民担负起更多的融入社会的义务。此外，法国、德国、芬兰等国也在语言学习、价值观教育、文化包容等方面对外来移民提出了更高的要求。

为移民提供机会学习移入国的语言，学习该国的历史、公民价值观、文化，接受劳动市场的情况介绍和培训，这些都是和多元文化主义完全兼容的，即赋予主流群体和少数民族的信仰和习俗同样的承认和适应。以加拿大和澳大利亚为例，其蓬勃发展的多元文化政策一直和社会融合政策同步发展，在文化认可、文化适应的同时支持学习国家语言，倡导传统习俗价值观及支持就业。

由此，金里卡和班廷认为，欧洲多元文化主义的失败是被鼓吹者们夸大了。所谓多元文化主义的退步论断很有可能是一种口头的狡

---

① Gallup Organization. Attitudes of Europeans towards the Issue of Biodiversity：Analytical Report，Wave 2，2010. https：//www. cbd. int/cepa/doc/eu – eurobarometer – 2010. pdf#：~：text = This% 20Flash% 20Eurobarometer% 20survey% 20on% 20 — Attitudes% 20towards% 20biodiversity.

② Koopmans，R.，Michalowski I.，Waibel A. S. Citizenship Rights for Immigrants：National Political Processes and Cross-national Convergence in Western Europe，1980—2008. *American Journal of Sociology*，2012，117（4），pp. 1202-1245.

辩，而非事实。某些特定的国家，如英国和澳大利亚，用"多元论""多样性"和"社区融合"等词来代替"多元文化主义"一词，但辞藻的改变并未从本质上影响多元文化政策和项目的实施。在欧洲政策体系中，"多元文化主义"一词在政治用语中几乎消失，取而代之的是对融合的普遍强调，但这并没有影响多元文化政策在实际中的运用。多元文化主义政策与公民融合政策并不存在不兼容性。①

因此，多元文化政策的退却和失败不过是被政治家们玩弄文字游戏所误导。虽然在国际政治语境下，多元文化饱受政客和政治评论家的攻击，但过去十年里欧洲多元文化政策不仅没有减弱，反而得到了进一步强化。因此多元文化主义在政策文本中使用频率的减少并不能代表多元文化政策的退步或失败。②

三、欧盟多元文化教育的关键：欧洲公民认同教育

正如在《欧洲联盟条约》中所说的那样，欧洲希望建构这样的欧洲社会图景，即不同族群可以有自己的特征，但必须认同公民社会基本价值观，如民主、法治和自由等主流文化。它不是强制同化主义，而是要在不同文化自然交融过程中保留主流文化最核心的价值观。移民族群及其后代应被视为平等个体来看待，而不是作为文化群体成员来获得特殊对待，文化多样性只应在私人领域推行。这种文化模式的要求突出社会成员包括移民彼此的共同点、责任、义务以及想要达到的共同目的，它要求不同文化尊重并接受社会基本价值观，以此来形

---

① Banting, K. , Kymlicka, W. (eds.) *Multiculturalism and the Welfare State*：*Recognition and Redistribution in Contemparary Democracies*. Oxford：Oxford University Press, 2006, p. 267.

② 张泽清：《威尔·金里卡〈多元文化主义：成功、失败与前景〉摘译》，载《共识》2013 秋刊第 10 期。

成培养社会团结与国家认同的共同精神基础。①

但目前最受争议的多份调查结果表明，欧洲各国移民群占比最大的伊斯兰移民族群偏向于认为伊斯兰教法优先于宪法，这使伊斯兰移民融合成为一个棘手难题。政治家，学者和知识分子对此展开了激烈的讨论，有的认为伊斯兰群体无法融合，因为他们的信仰与西方民主、自由、正义的内在价值观互不相容。然而，另一些人则认为，只要伊斯兰移民不违反某些基本准则，就可以实现融合。在欧洲一些国家的官方政策中逐渐转向国家认同和共同价值观。一些国家开始对移民教育进行改革，目标是通过强有力的公民教育、语言教育、宗教文化教育和女童教育，帮助儿童逐渐成长为自由民主的国家公民，能自由选择一种有价值的生活，从而建立起一种并非基于阶级、宗教或种族身份的欧洲认同。

从更深层次来看，犹太-基督教的传统和启蒙是欧洲主流文化观念的共同根基之一。基督教作为欧洲人历史文化、政治秩序乃至现代价值观的思想基石，同样是团结和凝聚现代欧洲不同民族和文化的传统纽带。基督教传统不仅为个体的自由施加引导，也对现代欧洲的自由体制提供了精神和道德的源泉，为重新凝聚跨国欧洲文化共同体的认同提供可能。但是在持续不断的移民浪潮冲击下，特别是伊斯兰移民群体所带来的文化冲击之下，越来越多土生土长的欧洲人觉得自己反而像是生活在这片大陆上的陌生人，故土难寻，甚至由此引发了欧洲民众抵制外来移民的暗流。

现代的群体认同和国家认同仍然需要边界，边界的模糊必然会造成认同的模糊。建立在欧洲经济共同体基础上的欧盟，在疆土不断扩张、越来越多异文化加入的过程中，欧洲认同变得越来越难以实现。新一波难民潮中不断涌入的中东伊斯兰移民群体以其特有的民族、宗

① 鲍永玲:《欧洲国家民族认同之建构——以主导文化为核心的新移民文化政策》,载《学术界》2019 年第 7 期,第 171 页。

教特质，用越来越强势和充满争议的方式给欧洲主流白人社会的集体认同带来巨大挑战。①

　　面对不同种族、不同文化、不同宗教和不同语言的少数群体，应该为他们提供怎样的教育机会使他们能够快速融入社会生活、参与政治生活是目前欧盟亟须解决的问题。但是如果仅是将公民概念简单视为享有一定权益，有权得到国家保护，同时能效忠于国家的个体，就必然会产生狭隘的同化主义公民教育观，对形成有效的公民教育十分不利。

　　不幸的是，这种观念正在成为世界上许多国家公民教育的主导模式，它导致许多被边缘化的个体和群体，因种族、民族、语言、文化和宗教原因被排斥于主体结构之外，经历了失败的公民身份认同。这些个人或群体出生于或移民到一个国家，虽然在此生活了较长的时间却依然没有将这一国家的价值观和精神内化，他们感觉自己被排除于社会主体结构之外；这些人既渴望被包容被承认，又想保持自我文化的独特性，内心充满矛盾。这些经历失败公民身份认同的个体或群体对政治效力、族裔身份认同和结构性包容方面的需求更为强烈，但对国家的总体目标和共同利益态度相对淡漠。②

　　美国教育家班克斯在多元文化教育研究中非常重视公民教育，他教育研究的最终落脚点在于培养民主的公民，并且使每个人都能在他们独特却又多层嵌套的群体中生活。③ 他的多元文化教育实质上是一种公民教育，教给学生民主道德的原则，并与种族主义、性别主义和其他不公正的压迫作斗争。这种公民教育的最终目的是要使学生成为世界公民，并为解决全球问题而采取行动。

---

① 鲍永玲:《欧洲国家民族认同之建构——以主导文化为核心的新移民文化政策》,载《学术界》2019 年第 7 期,第 171 页。

② ［美］詹姆斯·A. 班克斯、崔藏金:《失败的公民身份与转化性公民教育》,载《当代教育与文化》2018 年第 1 期。

③ 朱姝:《詹姆斯·班克斯教育思想研究》,北京:民族出版社,2014 年,第189 页。

　　班廷和金里卡的研究也表明多元文化教育在公民认同领域的作用。他们采用古德曼（Sara Goodman）设计的欧洲公民融合政策指数（Civic Integration Index：CIVIX）对 OECD 各国公民融合政策进行了量化研究，重点分析了多元文化政策对欧洲国家的影响。研究显示，欧洲的公民融合政策从 1997 年开始，目前已经在欧洲范围内大面积展开。1997 年到 2009 年，在接受调查的 21 个国家中，15 个欧洲国家的公民融合指数从 0.56 增长到 2.3。研究还发现，在公民融合指数强劲增长的同时，这些国家该时期多元文化主义政策的指数也呈温和增长。因此金里卡认为，公民融合政策和多元文化主义政策不存在内部的不兼容性，从多元文化主义政策向公民融合政策的转变反映了从权利向责任的转向。

　　除此之外，欧洲少数族裔及移民群体基于自身文化和欧洲文化，有着复杂的身份认同。这种复杂的身份认同也使欧洲国家在实施多元的公民身份教育中面临着艰难的挑战。多元文化国家的公民认同教育已经成为欧洲认同建构的关键。究竟以何种模式对不同族群进行公民教育成为欧盟教育的关键。

　　班克斯在其《文化多样性与教育：基本原理、课程与教学》一书中曾经指出，设置多元文化课程，并不是要另设一门学科，而是将各种文化精华或特色融入学校现有的课程中，渗透到学校环境的每一个角落，反映学生不同的文化学习风格，帮助学生不仅形成正确的自我认同、民族文化认同，同时形成国家认同。在课程教学中，要改变过去对少数民族文化视而不见或形成的"刻板印象"，要兼顾不同种族/族群学生的需要；[①] 设计能反映少数族群文化的课程及教材；打破学科疆界，在各学科领域内注入各种族/族群的文化内容。因为多元文化的主要目标不仅要增进对人类尊严的尊重，使文化的选择最大

---

　　① 邓志伟：《多元文化·课程开发》，合肥：安徽教育出版社，2008 年，第154 页。

化，而且还要学会理解是什么造成了人们的相似和差异，明确多元化是人类生活不可或缺的、有价值的一部分。[①] 这样的一种课程应当帮助学生获得决策的能力、参与社会的能力，同时也应当培养学生与不同族群、文化互动交往所必要的技能，是一种综合化、多学科化、多途径化的"多元文化普及"过程，让每个人都能对种族、民族和文化族群在社会以及世界的重要性产生深刻的理解。

但目前看，欧洲公民教育从本质上还是试图用传统的欧洲观念进行融合教育，这样的简单融合无法唤起移民少数族群的认同，不仅对缓解目前欧洲的认同困境的作用有限，还违背了世界的多样性原则，不能满足移民群体与被边缘化的种族、文化、民族、语言和宗教群体对其文化认可和选择的权利与要求。[②]

没有任何一种文化是完美的，也没有任何一种文化有权将自己的意愿强加在别的文化之上。公民教育应当帮助学生认真思考并对自身群体的文化、国家文化、区域文化经过思考而认同。[③] 不假思索和未经检验的文化归属感会使国家统一性的发展目标和政策受到阻碍。学生要平衡他们的文化、国家、区域乃至世界的认同，并掌握在不同族群、文化、语言和宗教群体中的生活知识、态度以及技能。只有具备反思性的、清晰的（reflective and clarified）文化群体认同，平衡自身认同以及协调不同的文化，个体才能在文化、国家及全球认同上产生良好的认同，真正实现不同文化的和平对话与平等发展。

---

① ［美］James A. Banks：《文化多样性与教育：基本原理、课程与教学》，苟渊等译，上海：华东师范大学出版社，2010 年，第 302 页。

② ［美］詹姆斯·A. 班克斯、崔藏金：《失败的公民身份与转化性公民教育》，载《当代教育与文化》2018 年第 1 期。

③ Banks, J. A. *Cultural Diversity and Education: Foundations, Curriculum and Teaching.* (5th) Boston: Alllyn and Bacon Perason, 2006.

第四节　本时期欧盟多元文化教育政策的特点

2012 年，欧盟出台了《教育再思考：投资教育与培训以获得更大社会经济成效》（Rethinking Education：Investing in Skills for Better Socio-economic Outcomes），① 教育被定位为欧洲发展的核心战略资产。投资教育和培训不仅可以提高公民的知识和技能，促进个人发展增强职业竞争力，更有利于开发欧洲人力资源潜能，实现欧洲知识经济增长，促进欧洲社会的团结凝聚。

一、欧盟多元文化教育政策表述由群体导向转为个人指向

欧洲委员会 2008 年绿皮书指出，要充分发挥教育在应对文化多样化、促进社会凝聚力方面的重要作用。欧盟委员会也一再表明，教育有助于保持和复兴欧洲社会共同的文化背景，是欧盟一体化进程中应对多样性挑战的制胜法宝。但是要想实现欧盟多元中一体的目标，仅通过传统教育模式是远远不够的。因此在教育方面，欧盟另辟蹊径，试图通过发挥个人创造性、充分开发人力资源以促进经济的整体增长，最终实现社会的团结融合。②

欧盟自 2000 年开始倡导终身教育理念，主张教育应当贯穿人一生的各个阶段，教育过程应扩展到社会生活的各个方面，最大限度地发挥人的潜能，实现个人和社会的共同发展。在终身学习的社会里，

---

① European Commission. Rethinking Education：Investing Skills for Better Socio-Economic Outcomes，COM（2012）669 final. Strasbourg，2012-11-20.

② 马燕生：《欧盟委员会发表〈2008 欧洲教育进展报告〉》，载《世界教育信息》2008 年第 9 期，第 38 页。

每位社会成员不仅需要具备专业知识和技能以适应工作，还需要具备核心能力以适应社会。

而跨文化学习的提出和终身学习政策有很大的一致性。2000 年后，"多元文化教育"基本上在政策表述中消失，而"跨文化教育"出现的频次也在逐渐变少，取而代之的是"跨文化学习"与"跨文化对话"的频繁出现。欧盟委员会与欧洲委员会在 2000 年共同发布的文件《跨文化学习指南》中指出："跨文化学习是不同文化在互动关联中，个体获取知识、态度或行为发生转变的过程。"这种从教育到学习的转变不仅仅是文本的表述变化，更是一种教育视角的转变。跨文化教育强调的只是提供教育机会，施加外部影响，教育更多的时候代表一种由上而下的政策和制度，而采用跨文化学习则可以将欧盟的教育战略重心从整体教育布局转向对学习者和学习过程的关注，① 是一种指向个人的政策转变。

从倡导尊重差异、追求平等的多元文化教育到关注互动、理解、交流的跨文化教育，欧盟在政策表述上也经历了从跨文化学习、跨文化对话，最后到跨文化能力培养等一系列的变化。这一系列的变化显示出欧盟教育决策者们为应对社会政治、经济的发展变化所作出的适应和调整。核心能力框架以清单式的结构呈现，便于自我评估，对个体而言，更具操练性和可获得性，有助于提升学习者能力从而对欧洲青年赋能，通过个体转变促进社会整体进步，形成更具凝聚力的多元社会，最终实现欧洲"和而不同，多元一体"的持久和平和经济发展的社会总目标。

二、欧盟多元文化教育的经济功能回升

身处 21 世纪，面对欧洲青年失业率的不断攀升、欧洲社会经济

---

① Council of Europe and European Commission. Intercultural Learning T-kit No. 4, Strasburg：Council of Europe，2000，p. 11. https：//pjp－eu. coe. int/documents/42128013/47261236/tkit4. pdf/1e4f2f12－6448－4950－b0fd－5f4c94da38e2.

的持续低迷、欧洲人口结构的巨大变化，欧盟希望通过革新教育和培训，切实提高欧盟青年的就业能力，促进欧盟青年的跨国流动，使欧盟在全球经济市场和教育市场中得以保持优势地位，更具国际竞争力。

2017 年，欧盟在《欧洲的未来白皮书》（White Paper on the Future of Europoe）中强调，"孩子们今天接受的教育，将使他们在未来从事前所未有的工作。"① 知识经济时代，社会对人才的需求已发生了巨大的变化，传统知识与技能的掌握已经无法满足当今社会复杂环境的需要。为了满足社会和市场需求，保持全球领先的地位，欧盟根据终身学习策略对学生能力的要求，结合实际情况，制定了欧盟核心能力框架，将核心能力具体界定为随时代变化而动态发展的八项能力需求。核心能力框架与就业紧密相关，因此在实施过程中，要求各地教育部门更加注重核心能力培养和课程与教学的接轨问题，为欧洲市场提供灵活型、复合型、创新型人才。

此外，欧洲不堪重负的普惠性福利体制也是促成教育改革的原因之一。欧洲以高福利闻名于世，被形容为"从摇篮到坟墓"的照顾，包括社会保险、社会福利和社会救济三大类。这种福利制度在平衡社会矛盾、扶持弱势群体方面发挥了不可或缺的作用。但随着欧洲经济的低迷，欧洲福利制度成为消极福利，许多欧洲人不再积极寻求就业，而是靠救济金维持度日。正所谓"授人以鱼不如授人以渔"，为了扭转这种坐吃山空的局面，欧盟的教育政策由他助转为自助：通过教育和培训提升弱势群体的工作技能和生存能力，增强其社会参与度和融入社会的资本。因此欧盟试图通过终身教育这一策略惠及所有人，终身教育不仅能为学习能力超群的人才提供富有挑战性的学习路

---

① European Commission. White Paper on the Future of Europe, COM（2017）2025, 2017 - 3 - 1. https：//commission. europa. eu/document/download/b2e60d06 - 37c6 - 4943 - 820f - d82ec197d966_en? filename = white_paper_on_the_future_of_europe _en. pdf.

径，也能帮助那些处于教育不利地位或被排斥于劳动市场之外的边缘群体，使他们可以获得同等的教育机会，重返教育培训体系，通过知识、技能和能力的获得，提高就业机会，从而促进经济的增长，保证社会的和谐。①

三、欧盟多元文化教育与欧洲认同教育的相互促进

欧盟一直将促进欧洲经济繁荣作为首要发展目标，因此其在职业培训教育方面的干预措施得到了各成员国的广泛支持和配合。然而，在涉及成员国的教学内容、教育体系和语言文化等领域，欧盟的干预能力相对有限，只能提供一些支持性或补充性的教育行动。

当前，欧盟面临的不仅是经济低迷，还包括难民问题的困扰、欧洲社会的老龄化，以及成员国内部民族主义势力的抬头。2016年6月，英国通过全民公投宣布脱离欧盟，导致欧盟陷入前所未有的信任危机。在民意调查中，仅有约30%的欧洲民众表示对欧盟有信任感，疑欧情绪在欧洲各地蔓延。②

为应对"信任危机"，增强其影响力，"欧洲认同"的字样开始频频出现在欧盟的教育政策领域。2017年，欧盟在《通过教育和文化强化欧洲认同》（Strengthening European Identity through Education and Culture）中强调："教育和文化是强化欧洲认同最有效的方式。"③随后，2018年欧洲议会又发布《关于促进共同价值观、发展全纳教育和开展欧洲维度教学的建议》（Council Recommendation on Promoting

---

① 窦现金、卢海弘、马凯：《欧盟教育政策》，北京：高等教育出版社，2011年，第16页。

② European Commission. White Paper on the Future of Europe, COM（2017）2025, 2017-3-1. https://commission. europa. eu/document/download/b2e60d06-37c6-4943-820f-d82ec197d966_en? filename=white_paper_on_the_future_of_europe_en. pdf.

③ European Commission. Strengthening European Identity through Education and Culture-The European Commission's Contribution to the Leaders' Meeting in Gothenburg, COM（2017）673 final. Strasbourg, 2017-11-17.

Common Values, Inclusive Education and the European Dimension of Teaching），再次呼吁要在教育领域弘扬欧洲共同价值观、发展全纳教育以及进行欧洲维度的教学以强化"欧洲认同"。[①]

而终身教育理念下提出的欧盟教育核心能力框架无疑是欧盟通过教育培训增强"欧洲认同"的重要手段。欧盟希望通过在"读写能力""公民能力""多语能力""文化认识与表达能力"等多个能力中强调欧洲共同价值观、欧洲的文化与历史、欧盟的发展历程、欧盟的作用及影响力等内容，呼吁欧盟各成员国在本国教育体系中融入"欧洲认同"，从而最大限度地保证欧盟在欧洲民众心中的"合法性"。[②]

本时期多元与一体的关系：在这一时期，欧洲的多元与一体呈现出分散的状态。欧盟因自身法律权限所限，无法进一步对成员国实施统一的教育政策。在这种情况下，欧盟不得不暂时搁置移民矛盾问题，转而采取以公民教育直接面向个体的策略。这种做法虽然在欧盟教育权能有限的情况下是一种捷径，能够在短期内取得一定成效，但忽略群体发展的策略却无法从根本上解决欧洲社会深层次的文化矛盾。

小　结

社会范围内的自治或自主即为民主，而民主的实现有两个前提：

---

① Council of the European Union. Recommendation on Promoting Common Values, Inclusive Education and the European Dimension of Teaching, 2018/C 195/01. *Official Journal of the European Union*, 2018.

② 常飒飒、王占仁：《欧盟核心素养发展的新动向及动因——基于对〈欧盟终身学习核心素养建议框架 2018〉的解读》，载《比较教育研究》2019 年第 8 期。

一是存在共同关心的社会议题，二是拥有理性的成员。① 教育的根本使命在于培育理性个体，因此，社会的民主化首先必须以教育的民主化为前提。在这一理念指导下，欧盟多元文化教育政策始终高度关注多元文化群体的平等受教育权和教育公平问题。

从历史脉络来看，欧盟多元文化教育政策的发展始终伴随着"一体"与"多元"关系的不断调整和演变：从最初大民族主义主导的不平等观念，逐渐转向发展时期本土与移民文化的双轨发展与同化，再到困境时期的融合努力，直至在近年多重危机影响下，进一步趋向个体导向与服务经济发展的逻辑。在这一过程中，欧盟始终在努力于多元与一体之间寻求平衡。

纵观欧盟多元文化教育的历史发展进程，我们可以发现，欧洲多元文化主义社会实际上是一种既要求融合，又实际疏离的社会。在其多元文化教育实践中，欧洲人并没有改变他们高高在上、居高临下的态度。同时，将多元文化思想及政策简单理解为允许移民或少数族裔单独过着他们认为合适的属于他们自己的生活，只会导致日益严重的社会问题，对社会治安、就业、身份认同形成等方面造成更大的障碍，因为多元文化主义并不仅仅意味着和平共处，相安无事，还意味着寻求直接将多样性与主流价值联系起来的途径。②

---

① ［美］科恩：《论民主》，聂崇信译，北京：商务印书馆，2007 年，第 1—9 页。
② ［英］安东尼·吉登斯：《全球时代的欧洲》，潘华凌译，上海：上海译文出版社，2015 年，第 26 页。

第六章 欧盟多元文化教育政策未来展望及启示

2010 年世界年鉴教育组的统计数据显示，全球人口中的 75% 是由有色人种（非洲人和亚洲人）组成。文化和种族的多样性已经成为全球各个国家的常态。在当今时代，至少有 600 种语言、500 多个民族文化群体和数不清的宗教遍布在 200 多个被承认的主权国家，引用约翰·罗尔斯（John Rawls）的话来说，多元的事实本身就是不言自明的。多样化是人类社会不可避免的一个特征，不能无视其存在，也不能用不可接受的强制手段去压制。① 但如何正确处理、应对这种文化的多样化已经成为世界各国需要面对的难题。

纵观人类近代历史，这种因多样而引发的冲突和不平等不仅没有停止，反而有愈演愈烈的趋向。而欧盟是当今世界政治体系中最能集中体现这一问题的组织。多达 27 个成员国，各个成员国分别有着不同的民族文化情感、不同的民主观念、不同的法律体系、不同的宗教信仰以及不同的经济自由程度。这些不同让欧洲文化既丰富得让人心醉，又复杂得让人迷乱。

如何在如此错综复杂的文化领域实现多元共生，同时又能形成统一认同，是欧盟一直致力于解决的难题。欧盟在众多区域性国际组织

---

① Parekh, Bhikhu. *Rethinking Multiculturalism: Cultural Diversity and Political Theory*. London: Palgrave Macmillan, 2006, p. 196.

中，是机构配套最齐全，立法程序最完备，经济生产、通信等各方面互相依赖、互相渗透程度最高，把许多民族国家联结在一起的"实体"。① 在全球化的今天，欧盟对内需要面对多元文化的冲击，外部需要迎接全球化的挑战。② 为此，欧盟正在试图建立一种既能保持文化多样性，又能建构欧洲同一性的认同。这对于现有的国家民族认同是一种新的挑战，同时也给全球多元文化教育的发展提供新的理解。

英国学者安迪·格林（Andy Green）说过，学校教育为实现塑造新的民族认同开辟了渠道。学校最适合用来推广民族语言，普及民族文化，塑造最受统治集团欢迎的民族形象。③ 教育的特殊性在于它既是最难融入超国家框架的因素，又是超国家政策框架中最重要的因素。正如克里斯托弗·洛德（Christopher Lord）所指出的，只有经历政治的社会化过程、学习过程和习惯过程，人们才会逐渐接受并认同欧洲联盟作为整个政治版图一部分的事实。④ 因此，在关于如何建构一种欧洲认同的问题上，教育应该是一种最有效的途径。在欧盟，教育被视为欧洲建设的"第四根支柱"，在新的时空背景下，教育不仅是经济增长和创新的引擎，也是塑造真正欧洲公民身份的关键。⑤ 正因为如此，欧盟一直致力于其超国家层面的教育政策的发展，形成了一个相对完整的教育政策体系，通过协调式开放管理、利用项目资助、制定质量框架等办法，对成员国的教育政策与实践产生了越来越

---

① 陈乐民：《欧洲文明的进程》，北京：生活·读书·新知三联书店，2014 年，第 281 页。

② 洪霞：《欧洲的灵魂：欧洲认同与民族国家的重新整合》，北京：中国大百科全书出版社，2010，第 7 页。

③ ［英］安迪·格林：《教育与国家形成：英、法、美教育体系起源之比较》，王春华等译，北京：教育科学出版社，2004 年，第 120 页。

④ Beetham, David & Christopher J. Lord. *Legitimacy and the European Union*. London: Routledge, 2013.

⑤ 阚阅：《多样与统一——欧洲高等教育一体化研究》，杭州：浙江大学出版社，2016 年，第 267 页。

大的影响。①

而在欧盟的教育政策中，多元文化教育随着移民问题越来越严峻，成为欧洲认同建构的关键。不管成功与否，欧盟多元文化教育进程都是全球多元文化教育的宝贵经验，也是人类历史上超国家认同建构的首次尝试。

第一节　欧盟多元文化教育的经验

多元文化教育就是以尊重不同文化为前提，为促进不同文化间的相互理解而实施的一种不同的文化教育。② 这种不同的文化教育是在促进文化平等的基础上进行的。

但是和美国、加拿大以及澳大利亚的多元文化教育政策不同，欧盟的多元文化教育的重点和聚焦点来自外来移民族群；这一群体不像美、澳地区的少数民族原住民，并不涉及领土主权问题，但因为其宗教、文化与欧洲主流社会的差异太大而不断导致矛盾和分裂的加剧。面对如此复杂多元的文化格局，欧盟不断调整其多元文化教育政策：从最初以简单同化为核心的教育政策，到后期流于形式的多元文化教育，再到政策话语中"多元文化"术语的逐渐淡化与替换，直至最终转向强调个体导向的终身学习、跨文化学习与核心能力框架的建构，欧盟教育政策在回应多元社会挑战的过程中经历了显著的演变。这一系列转变不仅展现了欧盟多元文化教育政策的发展轨迹，也蕴含着值得我们借鉴的经验与亟需反思的教训。

---

① 李晓强:《欧洲一体化背景下的欧盟教育政策研究》,北京师范大学博士论文,2006 年,第 14 页。

② 哈经雄、滕星:《民族教育学通论》,北京:教育科学出版社,2001 年。

一、开放式协调机制打通欧洲各国教育之间的壁垒

教育是一种现代国家的"规范产品",其主要功能是将社会价值传递给受教育者,并借此来为国家培养"良好公民"。① 由于教育与文化认同紧密联系在一起,因而被视为是民族国家的一项传统职能。在欧洲,民调机构"欧洲晴雨表"的调查显示,绝大部分欧洲公民认为,教育政策的形成应保留在各成员国的层面,而欧盟各成员国也一直警惕地守卫着国家教育的自主权。②

教育作为欧盟一个政策领域,在共同体行动和制度建构上的法律基础较为薄弱。而且,传统上教育也通常被视为是国家的敏感领域。特别是在移民群体的受教育问题上,因为需要与各个国家的教育主权、移民政策相协调,欧盟很难实现干预。但是,经过数十年的探索,欧盟形成了别具特色的多元文化教育政策体系,利用开放式协调机制(Open Method of Coordination, OMC)在教育领域形成了一种独特的话语权。这种协调机制,顾名思义,就是欧盟允许成员国在面对共同问题时在约定框架内寻求各自的解决方法,而不是统一制定具体法规要求成员国必须执行。在实践中,欧盟采取的是更为灵活的"蚕食"策略或"渐进式权限",通过软法律,即出台一些行动计划、建议书等去引导和督促成员国在制定政策时朝特定方向努力。例如,在欧盟推动"欧盟终身学习资格框架"(European Quality Framework, EQF)的过程中,由于成员国经济和文化的差异性,出台"统一政策"是不可能的,但建立一个欧洲教育模式,却是完全可以的。根据这种开放式协调机制,欧盟只需要制定出所有成员国都需遵守的基本原则以及统一的政策实施时间表,并致力于在各个成员国之间建立一

① 丁纯:《欧洲一体化,在困惑与挑战中前行(国际视野)》,载《人民日报》2015年3月18日,第23版。

② 阚阅:《多样与统一——欧洲高等教育一体化研究》,杭州:浙江大学出版社,2016年,第258页。

种协调机制，以合理解决课程、资源方面的对等与匹配问题。这种开放式协调机制一般并不是以欧盟的"共同政策"来取代成员国原有的教育政策，而是希望成员国发挥主动性，从而实现多方共赢，利益最大化的制度理想。①

二、以资助为形式的教育行动计划促进欧盟境内的跨文化交流

欧洲社会基金也是欧盟多元文化教育政策实行的一个主要动力源泉。一般说来，现代国家的社会群体已经很复杂，而欧盟则需要协调和满足二十多个国家以及这些国家内部的欧洲移民、第三国家移民群体以及少数民族群体的利益需求。欧盟在制定教育行动计划方面，必须在推动合作的同时，尊重各成员国的主权与教育自主权，以体现其所秉持的"辅助性原则"（the principle of subsidiarity），即在非必要时不越权干预国家事务。因此，欧盟无法直接干预成员国的教育内容和体系建设，而是通过教育项目资助等方式，推动成员国之间的合作交流。这些项目通常以校际合作、师生流动及跨文化交流为主要形式，既促进了欧洲教育共同体的建设，也在更深层次上推动了欧洲一体化进程和欧洲认同的培育。

以终身学习计划为例。这项周期为七年的计划实施时间从 2007 年 1 月 1 日开始，到 2013 年 12 月 31 日截止。整个终身学习预算为 69.7 亿欧元。终身学习计划是欧盟首个覆盖了从婴儿到老年所有学习活动的计划，是原有苏格拉底计划、达·芬奇计划和网络学习计划的继续和发展。终身学习计划要求各个计划之间，如苏格拉底计划、达·芬奇计划、夸美纽斯计划、伊拉斯谟斯计划也要相互配合和补充，在一定程度上实现了学校教育与社会职业培训的整合，促进了欧

---

① 窦现金、卢海弘、马凯：《欧盟教育政策》，北京：高等教育出版社，2011 年，第 20 页。

盟范围内教育和培训的衔接与沟通。[①]

　　欧盟的教育行动计划形式多样，可米特计划旨在增进大学与企业的交流合作，伊拉斯谟计划力求促进高等教育人员流动，灵格尔语言计划推动成员国的外语教学，坦普斯计划推进泛欧高等教育合作，让·莫内计划加强欧洲一体化研究。通过学分转换、资格认可与质量保证，多维度下欧洲高等教育一体化得以实现，使欧洲通过教育流动起来，形成欧洲教育一体化区域，加强了欧洲认同。通过申请—资助—实施—评价四个基本环节，成员国或教育机构以完成具体的行动计划内容来执行落实欧盟的教育政策目标。这种开放灵活的政策实施模式在欧洲取得了明显的成效，同时也为区域教育治理和国家教育政策的有效执行提供了一种范例。

　　此外，欧盟资助的多元文化对话领域积极开展研究性监测以及相关比较研究，大大促进和完善了欧盟多元文化政策的发展。这些研究使欧盟能够确定成员国的需求，以便更好地制定和实施针对特定目标在共同的欧洲框架下的教育政策。

三、通过能力标准框架体系推行欧洲认同及扩大欧盟影响力

　　为保持和扩大欧洲的国际影响力，欧盟将教育作为重要抓手，在内部推动"欧洲认同"，在外部推动"认同欧洲"。在内部，欧盟倡导建设知识欧洲，强调欧洲文化认同，通过推动区域内高等教育的国际合作来应对经济全球化带来的挑战。在外部，大力推广欧洲教育培训资格框架和标准，着手打造新的世界大学排名体系，提高欧洲高等教育机构的知名度和国际吸引力，扩大对非欧盟国家的影响力，将欧洲的价值观和做法推向全世界，扩大欧盟的软实力。

---

　　① 窦现金、卢海弘、马凯：《欧盟教育政策》，北京：高等教育出版社 2011 年，第 220 页。

由于文化教育政策的敏感性，欧盟大力推进"终身学习"，重视关键能力及跨文化能力的培养。这些政策大多以个体为基本单位，通过面向个人的教育支持与能力提升，推动多元文化教育的落实，其根本目的在于培育合格的欧洲公民，促进教育公平，实现社会融合。多元文化教育的目标也随之发生转变：从最初侧重于少数族群的融合，逐步转向塑造具备跨文化素养、能够灵活应对文化多样性的欧洲社会成员。

以社会与公民能力为例，欧盟发布的《面向终身学习的核心能力建议》中将其定义为"一种使个体有效参与社会生活，并在日益多样化的世界中具备解决冲突的能力"。此外，欧盟还从知识、技能、态度三方面对社会与公民能力的培养提出了具体目标。在知识方面，要求学习者能够理解个体、群体、反歧视、组织、社会与文化、性别平等一系列相关概念；理解欧洲社会的多元文化性以及社会经济状况，能够了解本民族文化认同如何与欧洲认同相互影响；在技能方面，要求学习者能够在不同的环境中进行建设性交流，能够具备共情能力，去表达和理解不同的观点，进行有意义的协商，从而获得交际的自信；在态度方面，要求学习者具备合作、自信以及诚实的品格，积极参与社会经济活动及跨文化交际活动，能够认识到多样性的价值，尊重他人，不持偏见。①

同样地，数字能力框架也反映了这种多元化教育的理念。在传统教学方式已无法满足多样化学习者需求的情况下，欧盟利用数字技术支持下的数字化教学环境，突破了时空限制，增强了学习过程的可访问性和包容性，为各类学习者提供及时、精准的学习干预和服务，促使他们积极参与学习活动。通过大数据、云计算、物联网等数字技术的全面应用，欧盟能够收集学习者的学习数据，及时进行干预、调节、指导等，帮助学习者实现个性化、精准化学习，实现全纳学习。

---

① European Communities. Key Competence for Lifelong Learning. Luxembourg：Office for Official Publication of the European Communities，2007.

由此可见，欧洲的多元文化教育是先在不同文化的互动交往中促进学习者个体知识、态度，使其发生行为转变，进而通过个体的转变带动群体变化，最终实现欧洲共同和平发展的目标。欧盟教育的核心能力目标越过了民族国家的教育壁垒，直接面向个体，通过强调个体能力的提升，实现欧洲社会的整体进步和融合。

第二节　欧盟多元文化教育政策的不足与未来努力方向

一、突破狭隘欧洲多元文化主义的桎梏

欧洲多元文化主义与世界其他地区的多元文化主义模式相比，具有其独特性，是一种自成一派的独立模式。作为一个"旧大陆"，欧洲拥有悠久的基督教文明，19 世纪以来在此基础上逐渐确立了基本稳定的民族—国家体系。在变成一个移民大陆之前，尽管也存在一定的文化差异，但绝大多数欧洲国家特别是西欧国家都是基督教白人文化占支配或绝对支配地位。欧盟多元文化主义的目标是"在欧洲创建一个如此这般的社会，在这个社会里，所有公民和群体都能感受到自身的价值，发展其相应潜能时都能享受平等的机会，在感受充实人生的同时，承担相应的责任，营造一种充满友爱精神、共同身份、归属感和多样性的共同生活"。概括起来就是多样性中的统一。也就是说，欧洲多元文化主义是全球化时代的欧洲国家在多元文化并存的现实条件下，为促进多元文化和谐共处并维持基督教白人文化一元主导地位而提出的一种理念及相关政策安排。①

———————————

① 张亮：《欧洲多元文化主义的危机及其理论启示：从中国的视角看》，载《探索与争鸣》2017 年第 12 期。第 142 页。

纵观欧盟一体化的发展历程，我们不难看到，欧盟不仅是一个经济联盟、政治联盟，同时也是一个价值联盟。正如 2007 年柏林宣言（Berlin Declaration）所强调的那样，欧洲的统一带来了和平，促进了欧洲的共同发展。和平与安全、正义与团结、民主与法治、宽容与自由等欧洲价值将欧洲人民团结凝聚，文化和地区的多样性则使欧洲人民的生活更加多彩、丰富。但是在金融危机爆发导致欧盟内部多个"贫穷"国家向富裕国家大量移民的背景下，传统的欧洲文化价值观遭到极大的冲击，一些欧洲传统文化主义者产生了文化排斥甚至是仇外心理。这在某种程度上也反映出，欧洲一贯倡导和自诩的文化多元主义实际上只是一种狭隘的多元文化主义，是一种"不完全的多元文化主义"，并没有将少数族群、弱势群体的文化放在一个真正平等的地位上。

2010 年以来，多元文化政策在许多国家被宣告失败，甚至被看作是造成欧洲社会分裂、冲突的原因。但纵观欧盟多元文化历史，我们可以看出：一方面，欧盟的多元文化教育政策对各成员国的影响不一，政策执行情况也各不相同；另一方面，欧盟多元文化教育政策以文化平等和保护文化多样性为原则，但在大多数欧洲人的意识中，欧盟多元文化教育是让非欧洲文化适应融入欧洲本土文化的一种政策；是一方面积极支持欧洲本土文化的多样性，一方面却消极对待以移民群体为代表的非欧洲文化的存在。而这种差别对待势必会导致文化群体之间的对立，形成"我们"和"他们"的差别感，而这是对多元文化主义最大的误解。"分离的教育安排、社区和志愿者团体、就业、礼拜场所、语言、社会和文化网络，这一切意味着，许多社区是在各自平行的生活方式上运行的，没有交集的。"① 这种表面上的井水不犯河水的状态在全球化交往密集的今天是无法保持的。而只有国家体系结构中能包容多种文化、多个种族民族、多样语言、多个宗教群体，

---

① ［英］安东尼·吉登斯：《全球时代的欧洲》，潘华凌译，上海：上海译文出版社，2015 年，第 1 页。

国家价值观和精神才能在其公民中形成较高程度的国家认同,① 实现真正的平等自由, 多样统一。

二、熔铸统一欧洲认同, 形塑具有包容性与凝聚力的欧盟公民身份

欧盟的建立基于一个庞大的价值体系, 其根基可以追溯至古典主义和基督教。这些价值体系拥有自身独特的道德基础和清晰的形而上学根源, 不管现代人承认与否。② 西欧现代文明作为第一个现代文明, 是在犹太教—希腊—基督教的历史语境下建构而成的, 在漫长的欧洲文明发展历史过程中, 经过启蒙运动、文艺复兴、人文主义、自然科学、宗教改革和法国革命, 欧洲逐渐积淀出特有的历史传统、文化遗产、价值观念、原则、经验、记忆、思维方式与行为模式。这些特质深深植根于欧洲人的意识中, 跨越国界, 成为欧洲共同的精神源泉和精神财富, 为欧洲奠定了共同的政治文化价值。在现代民族国家建立的过程中, 以个人主义为基础的思想自由与哲学层面的理性构成了当今西方价值观的基础。欧盟甚至将这些基本价值观和人权观写入了《欧盟宪法条约》。让·莫内也曾经指出, 欧洲联盟的宗旨并不在于不同民族国家的结盟, 而在于将欧洲人民团结起来。③

然而, 在过去的几十年里, 欧洲社会经历了巨大的人口迁移, 西方社会的文化构成和自我形象发生了深刻的变革。难民、避难者、外籍工人以及来自昔日殖民地的居民的大量涌入, 打破了单一的民族认

---

① [美]詹姆斯·A. 班克斯、崔藏金:《失败的公民身份与转化性公民教育》, 载《当代教育与文化》2018 年第 1 期。

② Bekemans, Leonce. *A Value-Driven European Future*. Brussels: International Academic Publishers Peter Lang, 2012.

③ European Commission. The History of European Cooperation in Education and Training. Luxembourg: Office for Official Publications of the European Communities, 2006, p. 1.

同及传统的欧洲价值观和信仰，对统一的民族意识形态构成了挑战，动摇了曾经稳固的"民族共同体"。在这样的背景下，保护和尊重多元文化必须被纳入欧洲认同的共同价值观框架，否则欧洲社会将不可避免地面临分裂和离心的风险。

事实上，无疆界的欧洲的观点和媒介跨国界流动的方法会使人们产生忧虑和文化迷乱感。哈贝马斯曾经说过，"并不存在一个统一的欧洲民族"，① 安东尼·史密斯也曾说过："对现代欧洲大陆的居民而言，似乎不存在有意义、有效力的，能够将他们联合起来的共同的欧洲神话与象征符号。"② 因此欧盟要建构欧洲自己的文化认同，必须致力于塑造全新的集体回忆，打造属于欧洲的符号。这样的文化认同不再是狭隘的单一民族认同，而是在一体化的大趋势下产生的多重认同，是文化认同、地域认同、民族认同的平衡和统一，在这样一个理想的认同关系中，各种认同互相协调，并不存在非此即彼的对立关系。这样的一种认同需要凝聚力，而凝聚力的基础则是成员的归属感，它来自对共同拥有的文明的忠诚。

欧洲一些国家领导人曾在公民认同方面做过尝试性努力。例如，2010 年，德国前总统伍尔夫（Christian W. W. Wulff）提出"伊斯兰属于德国"，希望通过这一主张增强伊斯兰移民对于德国和欧洲的身份认同，促进融合，然而，这一努力并未取得显著成效。欧洲应该意识到认同并不是一夜之间就能形成的，也并不是靠一句政治口号就能建立。欧洲认同的形成将是一个漫长的历程，而教育将在其中发挥关键的塑造作用。

按照莫兰的观点，欧洲认同并不是欧洲的历史，欧洲知识传统也不是共同的价值观，而是辩论和分歧、争论的传统以及谈判。欧盟本

---

① ［德］尤尔根·哈贝马斯：《后民族结构》，曹卫东译，上海：上海人民出版社，2002 年，第 113 页。

② ［英］安东尼·史密斯：《全球化时代的民族主义》，龚维斌、良警宇译，北京：中央编译出版社，2002 年。

身就是由不同人民、不同文化、不同阶级，甚至是不同国家之间经过相互作用，自我编织成的一个多样性的矛盾整合体。① 对于某些欧洲国家而言，结构上的困难使得将不同种族、民族、语言和宗教群体融入其文化、社会和公民生活变得异常复杂。对于欧盟来说，制定推行多元文化教育政策，从意识形态上，可以帮助欧洲各国公民树立多元与平等并存的观念。而多元一体又可以推进公民对欧洲一体化的集体文化认同。只有在尊重民族文化认同的基础上才能建构一种具有超越国家性质的新的认同，只有这种认同具备强大的凝聚力和向心力时，才能实现欧盟公民的和平、宽容与合作发展。

加拿大学者巴尔吉特·纳格拉（Baljit Nagra）与彭伊藤（Ito Peng）在 2010 年欧洲多元文化失败言论风暴后，对 50 名年轻的加拿大籍穆斯林进行了采访。研究表明他们的身份往往使这些年轻人在加拿大公共领域成为被歧视甚至被虐待的对象，但有趣的是，这些年轻人使用多元文化主义去抵抗歧视和同化，他们为自己同时持有双重认同而感到自豪。② 研究认为，西方社会夸大了亨廷顿的文明冲突论和考德威尔（Christopher Caldwell）的“伊斯兰入侵论”，③ 造成了西方社会的“伊斯兰恐惧症”。同时，其他研究者如基布里亚（Kibria），④ 西林（Sirin）和范恩（Fine）⑤ 也都在研究中发现英国和美国的伊斯兰移民受访者都同时拥抱他们的双重认同，再次证明两者的文化认同并不是

① ［法］埃德加·莫兰：《反思欧洲》，康征、齐小曼译，北京：生活·读书·新知三联书店，2005 年，第 30 页。

② Nagra, Baljit & Peng, Ito. Has Multiculturalism Really Failed? A Canadian Muslim Perspective. *Religions*. 2013(4), pp. 603-620.

③ Caldwell, Christopher. *Reflections on the Revolution in Europe*. London：Penguin, 2009.

④ Kabir, Nahid. *Young British Muslims：Identity, Culture, Politics and the Media*. Edinburgh：Edinburgh University Press, 2010.

⑤ Sirin, Selcuk & Fine. Michelle. *Muslim American Youth：Understanding Hyphenated Identities through Multiple Methods*. New York：New York University Press, 2008.

无法调和、不能共存的。

公民身份意味着尊重权利，实行效忠的公民宪法制，并适应民主参与的传统或符合平等福利国家公民的微观文化。真正的公民身份并不是主流群体自满地提出"我们的生活方式"，并要求新来者无条件融入。这种态度与强调权利与赋权的欧洲多元文化主义相悖，是一种从包容到排斥的转变。

理想的欧洲认同应具有超国家合作精神，既能包容公民的多样性，又能使公民形成一套共有的价值观、理想和目标。欧盟的多元文化教育应以塑造和谐平衡的多重认同为目标，使各种认同如同心圆一般，互相嵌套，互相包容，互相促进，最终实现多样中的统一。这种认同的建立将是一个漫长的过程。

多元文化教育中的公民教育理念与实践，有助于在欧盟国家之间形成一种共同构建并维系欧洲家园的纽带。

三、明确多元文化公民教育立场，厘清欧盟多元文化教育乱象

欧盟的官方宣言中，认同与文化之间的联系表述依然不够清晰，甚至在政策表述中不再提及多元文化，用跨文化能力、文化多样性这样一些更温和的概念来代替。这种政策表述的转变体现了欧盟在目前欧洲政局下的一种政策调适，是出于自保的权宜之计，但这却不是长久办法。将多元文化教育简化为跨文化能力的培养，不去正视移民多元文化的困境事实，只会让欧盟在未来一体化的进程中遭遇更大的困难。

多元文化主义在欧洲多个国家被宣告失败，从某种程度上反映了欧洲各国在处理多元文化问题上的政策性失败。但是，这并不代表多元文化主义的失败，也不是多元文化主义所主张的文化平等观念的失败，而是欧洲社会在扩大制度包容性上的失败。它再次说明，多元文化共存对民族国家的挑战是全面的，它要求欧洲国家既需要有政治意

识的调适，也需要进行政治制度的建构。欧洲需要寻找新的途径处理政治共同体中的多元文化关系问题，摒弃那种名为多元文化主义，实为种族文化主义的旧政策，正视多元文化的现实，通过观念的变革和制度的创新拓展欧洲社会的包容性。①

同时，欧盟境内对多元文化表述上的弃用虽然是政治博弈上的不得已而为之，但这种避开多元文化的群体特征，一味关注个体发展的策略无疑不利于消除族群差异带来的偏见和歧视，不利于从根本上改变教育不公平现象。欧洲的社会矛盾源于文化多样性，如何将这种文化多样性变为欧洲共同的财富，这只有在多元文化平等尊重的前提下，通过认真思考，在自身群体文化、国家文化、欧洲文化之间达成认同才能实现。

欧洲对多元文化主义的批判是一场社会政治斗争，但其根基是文化问题。欧盟客观存在的少数族群、移民群体，特别是伊斯兰群体，具有独特的宗教习俗及文化传统，同时这些群体在欧洲人口中所占的百分比仍在增长。这些群体不可能完全弃绝其族群认同，即使被强行同化，去适应其欧洲所在国的主导文化，也无法去除主流社会对他们的基本偏见。因此只有认可多元文化的欧洲才能在保持其民主价值的欧洲认同中实现各族群互相认可、和谐共生的状态。多元文化教育在欧洲仍然具有使命。

多元与一体的关系也并非是欧盟所特有的难题。放眼全球，单一或同质民族国家已经成为过去。在几乎每个国家都是多种族、多元化、多样性的总和的今天，研究多元与一体的关系有格外重大的意义。因为这不仅事关欧盟的将来，也事关每一个国家，每一个个人。多元和统一究竟何为主，何为次，多元欧盟应如何才能形成一个如会徽所示的圆，是每位欧盟决策者及欧盟公民的不懈追求。

————————

① 王建娥:《多元文化主义观念和实践的再审视》,《世界民族》,2013 年第 4 期,第 4—13 页。

第三节　以欧盟为鉴，新时代我国多元文化教育的发展目标

21 世纪全人类所面临的不可回避的两大挑战就是全球一体化与民族文化多元化、国家一体化与民族文化多元化的关系平衡，而人类单一文化与多元文化的关系问题是挑战的核心所在。无论是在国家范围，还是在全球范围，人们都应承认，人类文化具有多元性和差异性，同时也存在着共性。这不仅表现在人类的物质世界，更表现在人类的精神世界。

如今，多元文化教育不只是某一主权国家的教育存在形式，同时也是世界多元一体教育的独特存在形式，其发展已经呈现出全球化的特点。因此，积极探究西方多元文化教育的不同教育内容，了解其教育经验的适用性及弊端，对发展我国多元文化教育研究有重要意义。

欧盟作为当今世界最大的超国家实体，其多元文化构成的挑战和问题是独一无二、前所未有的。如何在平等、正义、尊重差异和包容的价值原则上开展切适性的多元文化教育，不仅关乎欧盟的一体化进程，更关乎世界的未来走向。

欧盟的多元文化教育的关键是要处理好"多"与"一"的关系。这里的"多"不仅指民族国家的多样组成，也包括欧洲社会多样的文化群体。在应对多元与一体的问题上，欧盟不仅要以平等尊重的态度看待成员国的文化，也同样要对生活在欧洲大陆的各个少数族群文化加以承认、认可，在欧盟范围内推广欧洲多元文化教育及欧盟公民教育，培养公民的多元文化意识，增强公民的跨文化交际能力，使公民不仅能够与自己所属的群体文化相连，还能积极参与共同的公民文化。通过这种教育，公民不仅能够成为自身文化的继承者与保护者，

还能够跳出族群文化认同、国家认同的局限，用批判的眼光审视自文化与国家认同、欧洲认同甚至是全球认同的关系，成为文化间的使者和推动者。追求团结统一又保持和尊重多样性的欧洲社会仍然是有价值的努力方向。

欧盟的多元文化教育的发展历程正是多种文化与一体化发展的博弈与平衡的过程。在这个过程中，欧盟为我们留下了宝贵经验，同时也暴露了教训和不足。这些经验和教训也为我们确定我国多元文化教育的核心和要点提供了重要参考。

中国自古以来就是一个多民族、多文化的国家。不同的民族在漫长的历史进程中相互融合，在中国大地上逐渐形成了"大散居，小聚居"的民族居住特点，表现出一种"多元一体的社会格局"。在我国的多元文化教育中，同样也需要处理多与一、多元与一体的关系，而多元文化主义倡导的平等、正义、尊重差异和包容的价值理念，是现代多民族国家的合法性基础和社会团结的重要资源。面对全球经济交往和人口流动所带来的族裔文化多样性及其引发的多种社会问题，过去曾发挥过重要作用的观念政策，如民族自觉、民族自治等都已不足以应对。只有在多元文化主义所倡导的平等、正义、尊重差异和包容的基础之上，各民族族群的和谐相处和国家共同体的整合才有可能实现。[①]

因此，借鉴欧盟多元文化教育政策发展历程，可以帮助我们扬长避短，提高我们教育制定政策的有效性。而欧盟多元文化教育政策对我们的启示，恰好与习近平总书记在中央第七次西藏工作座谈会上的讲话精神高度契合，即用铸牢中华民族共同体意识来强调"一"，用鼓励各民族的交流交往交融来关照"多"。这也正是新时期我国多元文化教育的关键所在。

---

① 周少青：《多元文化主义视阈下的少数民族权利问题》，载《民族研究》2012年第 1 期。

一、发展铸牢中华民族共同体意识的
中国多元文化教育

在处理"多元"和"一体"关系上，除了少数国家曾出现过"以一去多"的极端模式外，大部分国家都力求在多元与一体之间找到平衡，但在实际操作中，各有侧重。中国的模式可被概括为"一体化中的多元"，其核心在于持续推进中华民族共同体的整体建构，将多元作为要素与动力，统一于一体的主线之中。2014 年在中央民族工作会议上，习近平主席深刻阐明了这一特点："中华民族多元一体格局，一体包含多元，多元组成一体，一体离不开多元，多元也离不开一体，一体是主线和方向，多元是要素和动力，两者辩证统一；……中华民族包括各民族是一个大家庭，中华民族与各民族的关系是一个大家庭和家庭成员的关系，各民族的关系，是一个大家庭里不同成员的关系。"① 与中华民族一体密切相关的，是民族间的交流、交往和交融，社会主义制度的基础，党的全面领导，社会主义核心价值观的引导，以及土地和重要战略资源的国家所有等因素，这些共同构成了一个有机的体系。在这一基本框架内，包容多元，宽容差异，实行民族区域自治和保障公民权利等措施得以实施。需要强调的是，这种"多元"绝非彼此泾渭分明，而是在"兼和"的关系中运作，本质上都是社会主义基本制度体系中的"多元"要素。

欧盟的多元文化教育从发展初期就以建立、形成欧洲认同为宗旨，随着一体化发展过程中不断涌现出的新的社会问题、文化问题，开始关注教育平等、文化多样性的保护、不同文化群体间的和平交流与交往、公民融合等问题。但是由于欧盟作为一个超国家联盟，虽然经济上形成了一体化，也出台了统一的法律法规确保联盟的组织运作，但各成员国仍在一些敏感领域保留自主权，而教育就是这些领域中的一个。尽管如此，欧盟也意识到教育对形成欧洲认同的重要性，出台各种软政策、软

---

① 《全面系统地学习习近平民族工作思想》,《中国民族报》,2016 年 7 月 17 日。

法规,开展丰富多样的教育行动计划、资助项目来促进欧洲认同,希望通过教育促进欧盟的一体化进程,实现多样性中的统一这一欧盟理想。

欧盟的多元中统一这一理想与中国倡导的"和而不同"有着异曲同工之妙。但是从欧洲社会不同文化群体间的矛盾升级可以看出,统一的欧洲认同还没有在欧盟公民中普遍形成,以欧洲传统文化为根基,欧洲认同依然如沙子城堡一般,在一个又一个政治经济危机中不堪一击,摇摇欲坠。因此,想要稳固欧盟一体,必须重新思索欧洲认同的全新内涵,从欧盟的文化实情出发,构建起一种新认同。只有让每个欧洲人都实质性地融于欧洲,享有欧盟公民身份,愿意为这个代表平等、自由、尊重、民主的共同体作出贡献,才会产生强大的社会整合作用,实现多元文化的和谐共生。

这种公民认同要能够反映不同族群、文化和语言群体的文化权利以及对不同族群差异权利的认可,最终的目标是保持多样性和统一性的平衡。

正如联合国少数民族教育政策表述的那样,少数民族的传统文化教育,必须在国家"一体化"语境下实施,绝不能因为过于强调自身文化,而威胁到国家的团结与统一。詹姆斯·班克斯认为,没有多样性的统一性导致的是文化独裁主义和霸权主义。但是,缺乏统一性的多样性,也会导致文化的割据和民族国家的分裂。所以,我国少数民族教育不仅要尊重和保护少数民族的语言文化,为少数民族维系文化特质提供便利条件,更要加固夯实国家的"一体化"语境,加强公民教育。

这种公民认同与多元一体之间的关系可以通过吴明海教授的"一核多元"理论得到很好的阐释。一体和多元如果在没有一个核心认同观的基础上,想要达到一种平衡,不仅是技术上的难题,简直就是不可能完成的任务。因此只有稳固内核,才有可能形成统一一体、丰富多元的和谐社会,否则多元一体只能是散沙一盘似的拼盘。① 多元文

① 吴明海:《一核多元 中和位育——中国特色多元文化主义及其教育道路初探》,载《民族教育研究》2014年第3期,第8页。

化教育必须要聚焦"核"的熔铸，只有这样，才能达到多元一体、体中有核、相互尊重、相互制约、美美与共、良性和谐的共生共荣状态。只有集体认同反映不同文化群体的经历、梦想和希望，才会真正发挥凝聚包容的"核"的作用。

习近平总书记提出的铸牢中华民族共同体意识就是这样的一种"核"。只有各族人民深刻认识到中华民族是命运共同体，利益相关、休戚与共，"在坚持党的领导中增进政治认同，在弘扬爱国主义精神中增进国家认同，在建设共有精神家园中增进文化认同，在交往交流中增进情感认同，才能促进各民族真正地团结起来，共建美好家园，共建美好未来"。①

二、开展促进各民族文化交流交往交融的中国多元文化教育

现代社会是一个多种文化并存的社会，单一国家或民族的时代早已成为过去。随着全球化的不断进深，我们日益身处一个多种文化交错、多种思想观念盘杂、多种价值体系并存的多元社会，培养在工作、生活中具备跨文化能力的新时代公民有着极为重要的意义。这不仅可以促进不同文化群体间的交流、分享与合作，也可以减少争端，促进社会的和谐发展。

1996 年，21 世纪教育委员会向联合国教科文组织提交的报告《教育：财富蕴藏其中》中指出，学会共同生活，学会与他人一起生活是未来教育发展的四大支柱之一。因此教育的使命是教学生懂得人类的多样性，同时还要让他们认识到地球上的所有人之间都具有相似性，都是相互依存的，② 通过对他人及其文化和精神价值的认识，个

---

① 尔肯江·吐拉洪：《铸牢中华民族共同体意识》，载《人民日报》2020 年 11 月 3 日，第 9 版。

② 联合国教科文组织编：《教育——财富蕴藏其中：国际 21 世纪教育委员会报告》，联合国教科文组织总部中文科译，北京：教育科学出版社，1996 年，第 82 页。

体才能更好地认知自我，理解他人，实现真正的共生共融。

　　发展民族交流、交往、交融的多元文化教育是促进民族团结、培养形成中华民族共同体意识的关键。其中，民族交往是基础，通过增进交往，各民族之间能够相互尊重，相互理解；民族交流是实质，各民族在生产、生活、宗教和艺术等方面的交流，可以相互借鉴，取长补短，实现共同发展；民族交融是核心，在尊重差异的基础上包容多样性，增强共同性。① 通过开展交流、交往、交融的多元文化教育，帮助每个公民既了解和热爱本民族文化，又了解学习其他民族的文化及亚文化，坚持交流互鉴、兼收并蓄，以社会主义核心价值观为引领，推动各民族文化的传承保护和创新交融，推动中华民族走向包容性更强、凝聚力更大的命运共同体。

　　不仅如此，在构建人类命运共同体的光辉旗帜下，我国的多元文化教育不仅要培养熟知本族文化、本国文化的双文化人、多文化人，更要培养学生使其具备全球视野，学会用平等包容的态度与异文化交流互鉴。"承认文明的多彩、以平等的态度交流、以包容的胸怀互鉴，在人的思想中，保卫和平之屏障便能牢不可破，未来人类文明繁荣共生的灯火便能长明不熄。"② 承认、平等、包容，这正是多元文化教育的核心理念，交流、互鉴也正是跨文化能力的高度体现。在全人类命运紧密相连的今天，秉持平等、正义、尊重和包容信条的多元文化教育，不仅承载着美好愿景，更应成为平息区域纠纷、化解民族矛盾、促进文化交流、增进文化理解、实现人类共同进步的重要路径。正因如此，多元文化教育的探索不仅至关重要，且必将持续深入。

---

　　① 何星亮：《民族交往交流交融　促进中华民族复兴》，载《人民日报》2017 年7 月28 日，第 7 版。

　　② 《文明交融互鉴的六字箴言——习近平主席访欧阐述重要外交理念述评》，2014 年 5 月 7 日，http://www.xinhuanet.com/world/2014-05/07/c_1110584473.htm。

附　录

附录 1　欧盟主要机构

机构名称	主要职责
欧洲理事会 The European Council	由欧盟成员国国家元首或政府首脑及欧盟委员会主席组成，又称欧盟首脑会议，是欧盟的最高权力机构
欧盟理事会 The Council of the European Union	由欧盟成员国部长组成，又称部长理事会（The Council of Ministers），是欧盟重要的决策机构，负责欧盟日常决策并拥有立法权
欧盟委员会 The European Commission	是欧盟的常设机构和执行机构，由欧盟各成员国选派一名代表组成，设主席一人，副主席二人，任期为五年
欧洲议会 The European Parliament	是欧洲联盟的执行监督、咨询机构，在某些领域有立法职能，拥有部分预算决定权，并可以三分之二多数弹劾欧盟委员会，迫使其集体辞职
欧盟法院 The Court of Justice of the European Union	是欧洲的司法仲裁机构，对欧洲共同体宪政和制度建设也具有重要作用

附录 2　欧盟基础性法律公约

年份	发布机构	政策名称	与多元文化教育相关的条款
1951	欧洲煤钢共同体 The European Coal and Steel Community	《建立欧洲煤钢联营条约》 Treaty Establishing the Euroopean Coal and Steel Community	第三条第 5 款，第五十六条 1、2 款，第六十九条 3、4 款 Articles3（5），56（1），56（2），69（3），69（4）
1957	欧洲经济共同体委员会 The European Economic Community	《建立欧洲经济共同体条约》 Treaty Establishing the Euroopean Ecnomic Community	第 7、118、128 条 Articles 7，118，128
1986	欧洲经济共同体外长会议 The Counsil of Ministers of the European Economic Community	《欧洲单一法令》 Single Europe Act	第 130 条 F、G 款 Articles 130（F），130（G）
1991	欧盟委员会 European Commission	《建立欧洲联盟条约》 Treaty on European Union	第 126、128 条 Articles 126，128

年份	发布机构	政策名称	与多元文化教育相关的条款
1993	欧盟委员会 European Commission	《哥本哈根入盟标准》 Copenhagen Criteria	在社会、正义及国事领域 In the fields of social policy, justice and home affairs
1997	欧盟委员会 European Commission	《阿姆斯特丹条约》 Amsterdam Treaty	第 149 条，151 条，新条款 13 条 Articles 149, 151, the additional clause 13
2000	欧盟理事会 the Council of the European Union	《种族平等指令》 Racial Equality Directive	第 3 条第一款（g）项 Article 3 (1) (g)
2004	欧盟委员会 European Commission	《欧洲宪法条约》 Treaty Establishing a Constitution for Europe	第 70 条，第 81 至 86 条 Article 70, Articles 81 to 86
2007	欧洲理事会 the European Council	《里斯本条约》 Treaty of Lisbon	第 165、166 条 Article 165, Article 166

附录 3 欧盟重要教育文化政策一览表

年份	名称
1958	《欧共体 1 号条例》 Regulation No. 1 Determining the Language to be Used by the European Economic Community
1973	《詹尼报告》 Janne Report
1973	《哥本哈根宣言》 Copenhagen Declaration on the European Identity
1976	《关于在教育领域开展一项行动计划的决议》 Resolution of Comprising an Action Programme in the Field of Education
1977	《移民工人子女教育方针》 On the Education of the Children of Migrant Workers
1983	《区域或少数民族语言援助计划》 Resolution on a Community Charter of Regional Lanugages and on a Charter of Ethnic Minorities
1988	《关于发展"欧洲维度的教育"的决议》 Resolution on the European Dimension in Education
1995	白皮书《教学与学习——走向学习社会》 Teaching and Learning, towards the learning society
1999	《博洛尼亚宣言》 Bologna Declaration
2000	《跨文化学习指南》 T-kit 4：Intercultural Learning

续表

年份	名称
2000	《学校教育质量框架（16 项标准）》　European Report on the Quality of School Education：Sixteen Quality Indicators
2000	《欧盟终身学习备忘录》 A Memorandum on Lifelong Learning
2001	《实现终身学习的欧洲》 Making a European Area of Lifelong Learning a Reality
2001	《欧洲语言共同参照框架》 Common European Framework of Reference
2002	《欧洲教育与培训发展战略 2010》 Education and Training in Europe：diverse systems，shared goals for 2010
2003	《促进语言学习和语言多样性行动计划》 Promoting Language Learning and Linguistic Diversity：an action plan 2004-2006
2006	《终身学习关键能力：一个欧洲参考框架》 Key Competences of Lifelong Learning-A European Reference Framework
2006	《成人学习：学习永远不会晚》 Adult Learning：it is never too late to learn
2007	《宗教多样性和跨文化教育》 Religious Diversity and Intercultural Education
2007	《关于成人学习的行动计划：成人学习正当其时》 Action Plan on Adult Learning：it is always a good time to learn
2008	《欧洲终身学习资格框架》 European Qualifications Framework for Lifelong Learning
2008	《多语主义：欧洲的共同财富和义务》 Multilingualism：an asset for Europe and a shared commitment
2008	《关于跨文化能力的结论公告》 Council Conclusion on Intercultural Competence
2009	《欧洲教育与培训合作战略框架 2020》 Strategic Framework for European Cooperation in Education and Training，ET 2020

续表

年份	名称
2012	《教育再思考：投资教育与培训以获得更大社会经济成效》 Rethinking Education：Investing in Skills for Better Socio-economic Outcomes
2015	《通过教育促进公民权利以及自由、包容、不歧视的共同价值观》 Promoting Citizenship and the Common Values of Freedom, Tolerance and Non-Discrimination through Education
2017	《通过教育和文化强化欧洲认同》 Strengthening European Identity through Education and Culture
2017	《欧洲的未来白皮书》 White Paper on the Future of Europe
2017	《欧盟社会权利支柱行动计划》 European Pillar of Social Rights Action Plan
2018	《欧洲终身学习核心能力建议框架 2018》 European Qualifications Framework for Lifelong Learning 2018
2018	《欧洲数字行动计划 2018-2020》 Digital Education Action Plan 2018-2020

附录 4 涉及人权、多元文化教育的
国际公约、宣言、行动纲领

年份	发布机构	名称
1948	联合国 UN	《世界人权宣言》 the Universal Declaration of Human Rights
1953	欧洲委员会 Council of Europe	《欧洲人权公约》 the European Convention on Human Rights
1954	欧洲委员会 Council of Europe	《欧洲文化公约》 European Cultural Convention
1986	欧洲委员会 Council of Europe	《反对种族主义与仇外的联合声明》 Declaration against Racism and Xenophobia
1990	联合国 UN	《少数人的权利宣言》 Declaration on the Rights of Persons Belonging to National or Ethnic, Religious and Linguistic Minorities
1994	欧洲委员会 Council of Europe	《保护少数民族框架公约》 Framework Convention for the Protection of National Minorities
2000	联合国教科文组织 UNESCO	《达喀尔行动纲领》 Dakar Framework for Action
2001	联合国教科文组织 UNESCO	《世界文化多样性宣言》 The Universal Declaration on Cultural Diversity
2006	联合国教科文组织 UNESCO	《跨文化指南》 Guidelines on Intercultural Education

参考文献

(一)中文著作

[1] 常士訚主编.异中求和:当代西方多元文化主义政治思想研究.北京:人民出版社,2009.

[2] 陈乐民.欧洲文明的进程.北京:生活·读书·新知三联书店,2014.

[3] 陈时见,冉源懋.欧盟教育政策的历史变迁与发展趋势.北京:高等教育出版社,2016.

[4] 陈振明主编.政策科学——公共政策分析导论.北京:中国人民大学出版社,2003.

[5] 成有信等.教育政治学.南京:江苏教育出版社,1993.

[6] 褚宏启主编.教育政策学.北京:北京师范大学出版社,2011.

[7] 窦现金,卢海弘,马凯.欧盟教育政策.北京:高等教育出版社,2011.

[8] 费孝通主编.中华民族多元一体格局.北京:中央民族大学出版社,1999.

[9] 哈经雄,滕星主编.民族教育学通论.北京:教育科学出版社,2001.

[10] 洪霞.欧洲的灵魂:欧洲认同与民族国家的重新整合.北京:中国大百科全书出版社,2010.

[11] 阚阅.多样与统一——欧洲高等教育一体化研究.杭州:浙江大学出版社,2016.

[12] 李世安,刘丽云等.欧洲一体化史.石家庄:河北人民出版社,2003.

［13］ 李巍,王学玉编.欧洲一体化理论与历史文献选读.济南:山东人民出版社,2001.

［14］ 刘泓.欧洲联盟:一种新型人们共同体的建构.北京:中国社会科学出版社,2008.

［15］ 马珂.后民族主义的认同建构及其启示——争论中的哈贝马斯国际政治理念.上海:上海人民出版社,2010.

［16］ 任思源.要了解欧洲就先读欧洲史.北京:北京联合出版公司,2014.

［17］ 苏德等.民族教育政策:行动反思与理论分析.北京:教育科学出版社,2013.

［18］ 谭光鼎,刘美慧,游美惠.多元文化教育.台北:高等教育出版社,2010.

［19］ 滕星主编.多元文化教育——全球多元文化社会的政策与实践.北京:民族出版社,2010.

［20］ 万明钢主编.多元文化视野价值观与民族认同研究.北京:民族出版社,2006.

［21］ 王皓昱.欧洲合众国——欧洲政治统合理想实践.台北:扬智出版社,1997.

［22］ 王鉴主编.中国少数民族教育政策体系研究.北京:民族出版社,2011.

［23］ 王鉴,万明钢.多元文化教育比较研究.北京:民族出版社,2006.

［24］ 王小侠编著.西方文化史论.沈阳:辽宁大学出版社,2005.

［25］ 王宇博,卢新建编著.回望沧桑.南京:江苏人民出版社,2000.

［26］ 吴明海主编.中外民族教育政策史纲.北京:中央民族大学出版社,2006.

［27］ 谢宁.面向 21 世纪的基础教育和民族教育.北京:气象出版社,1992.

［28］ 张学强主编.中国少数民族教育与美国多元文化教育比较研究.北京:民族出版社,2011.

[29] 赵俊杰.欧洲难民危机专题研究报告.北京:中国社会科学出版社,2016.

[30] 郑海燕编著.欧洲联盟信息政策研究.北京:北京图书馆出版社,2004.

[31] 郑晓云.文化认同与文化变迁.北京:中国社会科学出版社,1992.

[32] 周建明主编.社会政策:欧洲的启示与对中国的挑战.上海:上海社会科学院出版社,2005.

[33] 周少青.权利的价值理念之维:以少数群体保护为例.北京:中国社会科学出版社,2016.

[34] 朱姝.詹姆斯·班克斯教育思想研究.北京:民族出版社,2014.

(二)中文译著

[1] [德]贝娅特·科勒-科赫等.欧洲一体化与欧盟治理.顾俊礼等译.北京:中国社会科学出版社,2004.

[2] [德]尤尔根·哈贝马斯.后民族结构.曹卫东译.上海:上海人民出版社,2002.

[3] [德]尤尔根·哈贝马斯.关于欧洲宪法的思考.伍慧萍,朱苗苗译.上海:上海人民出版社,2013.

[4] [德]黑格尔.哲学史讲演录.贺麟,王太庆等译.上海:上海人民出版社,2013.

[5] [法]埃德加·莫兰.反思欧洲.康征,齐小曼译.北京:生活·读书·新知三联书店,2005.

[6] [法]戴高乐.战争回忆录:拯救.北京编译社译.北京:世界知识出版社,1981.

[7] [法]德尼兹·加亚尔等.欧洲史.蔡宏滨,桂裕芳译.海口:海南出版社,2005.

[8] [美]弗朗西斯·C.福勒.教育政策学导论.许庆豫译.南京:江苏教育出版社,2007.

[9] [美]科恩.论民主.聂崇信译.北京:商务印书馆,2007.

［10］ ［美］罗伯特·F.墨菲.文化与社会人类学引论.王卓君译.北京:商务印书馆,2009.

［11］ ［美］塞缪尔·亨廷顿.文明的冲突与世界秩序的重建.周琪等译.北京:新华出版社,1998.

［12］ ［美］塞缪尔·亨廷顿.我们是谁:美国国家特性面临的挑战.程克雄译.北京:新华出版社,2005.

［13］ ［美］托马斯·弗里德曼.世界是平的:21世纪简史.何帆,肖莹莹,郝正非译.长沙:湖南科学技术出版社,2008.

［14］ ［英］安东尼·吉登斯.全球时代的欧洲.潘华凌译.上海:上海译文出版社,2015.

［15］ ［英］安东尼·D.史密斯.全球化时代的民族主义.龚维斌,良警宇译.北京:中央编译出版社,2002.

［16］ ［英］安迪·格林.教育与国家形成:英、法、美教育体系起源之比较.王春华等译.北京:教育科学出版社,2004.

［17］ ［英］海伍德.政治的意识形态.陈思贤译.台北:五南图书出版股份有限公司,2009.

［18］ ［英］斯蒂芬·鲍尔.政治与教育政策制定——政策社会学探索.王玉秋,孙益译.上海:华东师范大学出版社,2011.

［19］ ［英］斯图尔特·霍尔.表征——文化表象与意指实践.徐亮,陆兴华译.北京:商务印书馆,2003.

［20］ ［英］温斯顿·丘吉尔.欧洲联合起来.商务印书馆翻译组译.北京:商务印书馆,1977.

［21］ 程卫东,李靖堃译.欧洲联盟基础条约:经《里斯本条约》修订.北京:社会科学文献出版社,2010.

［22］ 欧洲共同体官方出版局编.欧洲联盟条约.苏明忠译.北京:国际文化出版公司,1999.

(三)中文论文

[1] 鲍永玲. 欧洲难民潮冲击下的多元文化主义政策危机. 国外社会科学, 2016 年第 6 期.

[2] 鲍永玲. 难民危机和欧洲多元文化主义的黄昏. 世界民族, 2018 年第 3 期.

[3] 鲍永玲. 欧洲国家民族认同之建构——以主导文化为核心的新移民文化政策. 学术界, 2019 年第 7 期.

[4] 常飒飒, 王占仁. 欧盟核心素养发展的新动向及动因——基于对《欧盟终身学习核心素养建议框架 2018》的解读. 比较教育研究, 2019 年第 8 期.

[5] 陈洁, 洪邮生, 袁建军. 欧盟多语主义政策探析. 国际论坛, 2011 年第 6 期.

[6] 陈晓雨, 李保强. 欧盟新动态:更新核心素养,培育全球公民. 上海教育科研, 2018 年第 7 期.

[7] 陈正, 钱春春. 德国"跨文化教育"的发展及对中国的启示. 高校教育管理, 2011 年第 2 期。

[8] 丑则静. 我们应当怎样看欧盟. 前线, 2019 年第 5 期.

[9] 戴炳然. 解读《里斯本条约》. 欧洲研究, 2008 年第 2 期.

[10] 戴曼纯. 欧盟多语制与机构语言政策. 语言政策与规划研究, 2017 年第 1 期.

[11] 傅荣. 论欧洲联盟的语言多元化政策. 四川外语学院学报, 2003 年第 3 期.

[12] 傅荣, 王克非. 欧盟语言多元化政策及相关外语教育政策分析. 外语教学与研究, 2008 年第 1 期.

[13] 苟顺明. 欧盟职业教育政策研究. 西南大学博士论文, 2013 年.

[14] 何倩, 刘宝存. 美国少数民族双语教育政策及其特点. 比较教育研究, 2014 年第 9 期.

［15］ 洪成文.英国少数民族教育政策的变化轨迹.中国民族教育,2004 年第 2 期.

［16］ 胡伯特·埃特尔,喻恺.欧盟的教育与培训政策:五十年发展综述.教育学报,2009 年第 1 期.

［17］ 胡雨.欧洲穆斯林问题研究:边缘化还是整合.宁夏社会科学,2008 年第 4 期.

［18］ 姜峰,肖聪.法国移民子女教育政策述评.外国教育研究,2011 年第 5 期.

［19］ 蒋瑾.欧洲青年跨文化能力培养的战略研究.华东师范大学博士论文,2017 年.

［20］ 姜亚洲.跨文化教育的理论与实践研究.华东师范大学博士论文,2015 年.

［21］ 姜亚洲,黄志成.论多元文化主义的衰退及其教育意义.比较教育研究,2015 年第 5 期.

［22］ 鞠辉.英国脱欧和美欧矛盾倒逼欧盟提升凝聚力.中国青年报,2018 年 5 月 25 日.

［23］ 刘红叶.欧盟文化政策研究.中共中央党校博士论文,2013 年.

［24］ 刘明礼.欧盟,重重危机中走进 2017.大众日报,2017 年 1 月 7 日.

［25］ 刘万亮.欧盟 2007—2013 年终身教育整体行动计划.世界教育信息,2005 年第 12 期.

［26］ 刘新阳,裴新宁.教育变革期的政策机遇与挑战——欧盟"核心素养"的实施与评价.全球教育展望,2014 年第 4 期.

［27］ 陆平辉.欧洲少数民族权利保障:权利标准与区域共治.云南大学学报(法学版),2013 年第 3 期.

［28］ 黄志成.西班牙的多民族跨文化教育.中国民族教育,2006 年第 10 期.

［29］ 黄志成.跨文化教育:一个新的重要研究领域.比较教育研究,2013 年第 9 期.

[30] 李长山,邢斯文.浅析欧洲一体化进程中的文化因素.国外理论动态,2011 年第 6 期.

[31] 李娟.欧洲一体化中少数人语言权保护问题研究.山东大学博士论文,2015 年.

[32] 李明欢."多元文化"论争世纪回眸.社会学研究,2001 年第 3 期.

[33] 李晓强.欧洲一体化背景下的欧盟教育政策研究.北京师范大学博士论文,2006 年.

[34] 李新功.欧盟职业培训:政策与实践.复旦大学博士论文,2005 年.

[35] 李秀环.中东欧国家的罗姆人民族问题.俄罗斯中亚东欧研究,2004 年第 3 期.

[36] 马戎.评安东尼·史密斯关于"nation"(民族)的论述.中国社会科学,2001 年第 1 期.

[37] 马燕生.欧盟委员会发表《2008 欧洲教育进展报告》.世界教育信息,2008 年第 9 期.

[38] K·Å·莫戴尔.当代欧洲的法律传统和文化.聂秀时译.外国法律译评,1999 年第 1 期.

[39] 聂平平,葛明.西欧多元文化主义政策的困境与超越.国外社会科学,2015 年第 1 期.

[40] 欧阳光华.一体与多元——欧盟教育政策述评.比较教育研究,2005 年第 1 期.

[41] 冉源懋.从隐性生存走向软性治理——欧盟教育政策历史变迁及发展趋势研究.西南大学博士论文,2013 年.

[42] 石亚洲.论社会转型时期民族教育政策制定的优化选择.民族教育研究,2008 年第 2 期.

[43] 宋全成.族群分裂与宗教冲突:当代欧洲国家的恐怖主义.当代世界社会主义问题,2014 年第 3 期.

[44] 苏德.少数民族多元文化教育的内容及其课程建构.中央民族大学学报(哲学社会科学版),2008 年第 1 期.

[45] 钱民辉.略论多元文化教育的理念与实践.北京大学学报(哲学社会科学版),2011 年第 3 期.

[46] 滕星.法国多元文化教育的发展.中国民族教育,2009 年第 6 期.

[47] 滕志妍.中国少数民族教育政策与美国多元文化教育政策的比较分析.当代教育与文化,2010 年第 2 期.

[48] 田德文.论社会层面上的欧洲认同建构.欧洲研究,2008 年第 1 期.

[49] 田鹏.认同视角下的欧盟语言政策研究.上海外国语大学博士论文,2010.

[50] 王辉.金里卡对多元文化主义辩护的评析.民族高等教育研究,2014 年第 2 期.

[51] 王建娥.多元文化主义观念和实践的再审视.世界民族,2013 年第 4 期.

[52] 王静.多语言的欧盟及其少数民族语言政策.内蒙古大学学报(哲学社会科学版),2013 年第 2 期.

[53] 王小海.欧盟教育政策发展五十年之历程.江苏社会科学,2009 年第 s1 版.

[54] 王小海.欧盟语言多元化现状、问题与对策.广东外语外贸大学学报,2007 年第 3 期.

[55] 王小海,刘凤结.欧盟教育政策中的"欧洲维度"与欧洲认同建构.广东外语外贸大学学报,2014 年第 3 期.

[56] 王兆璟,易晓琳.理念自觉与政策自觉——美国多元文化教育理论与我国民族教育理论的行动路径.西北师范大学(社会科学版),2008 年第 5 期.

[57] 张泽清.威尔·金里卡《多元文化主义:成功、失败与前景》摘译.共识,2013 秋刊第 10 期.

［58］ 韦平.多元文化主义在英国的成与"败".世界民族,2016 年第 3 期.

［59］ 吴兵.荷兰的少数民族教育.民族教育研究,2002 年第 4 期.

［60］ 吴立文.欧盟治理与欧洲认同.南京大学学报(哲学・人文科学・社会科学版),2007 年第 2 期.

［61］ 吴明海.当代多元文化教育思潮历程初探.民族教育研究,2015 年第 2 期.

［62］ 吴明海.一核多元 中和位育——中国特色多元文化主义及其教育道路初探.民族教育研究,2014 年第 3 期.

［63］ 伍慧萍,郑朗.欧洲各国移民融入政策之比较.上海商学院学报,2011 年第 1 期.

［64］ 肖丹.欧洲跨文化学习研究.西南大学博士论文,2015 年.

［65］ 向瑞.联合国多元文化教育政策历史研究.中央民族大学博士论文,2017 年.

［66］ 谢韬.论欧洲移民的社会整合.西北人口,2007 年第 2 期.

［67］ 徐斌艳.跨文化教育发展阶段与问题研究.比较教育研究,2013 年第 9 期.

［68］ 杨友孙.欧盟少数民族"社会融入"政策述评.河南师范大学学报(哲学社会科学版),2012 年第 5 期.

［69］ 叶小敏.基于终身教育视角的欧盟核心素养框架分析.江苏教育研究,2019 年第 10 期.

［70］ 俞可.教育裂痕撕伤欧盟.中国教育报,2012 年 12 月 28 日.

［71］ 袁李兰,陈悦.欧盟职业教育和培训国际化举措分析.职业技术教育,2019 年第 3 期.

［72］ 袁振国.教育政策分析与当前教育政策热点问题分析.复旦教育论坛,2003 年第 1 期.

［73］ 詹姆斯・A.班克斯,崔藏金.失败的公民身份与转化性公民教育.当代教育与文化,2018 年第 1 期.

［74］ 张崇富.宗教治理:欧盟治理的难题.欧洲研究,2013 年第 2 期.

[75] 张家军.国外的多元文化教育研究及面临的问题.教育与教学研究,2011年第2期.

[76] 张建成.独石与巨伞——多元文化主义的过与不及.教育研究集刊,第五十三辑第二期,2007年6月.

[77] 张金岭.欧洲文化多元主义:理念与反思.欧洲研究,2012年第4期.

[78] 张亮.欧洲多元文化主义的危机及其理论启示:从中国的视角看.探索与争鸣,2017年第12期.

[79] 张新平.教育政策概念的规范化探讨.湖北大学学报(哲学社会科学版),1999年第1期.

[80] 张诗亚.共生教育论:西部农村贫困地区教育发展的新思路.当代教育与文化,2009年第1期.

[81] 张红霞.多语社会的母语教育——瑞典中小学母语辅助教育的启示.外国中小学教育,2013年第2期.

[82] 刘丽丽.德国移民教育政策评析.理论前沿,2005年第21期.

[83] 赵萱.爱尔兰小学跨文化教育研究.外国中小学教育,2012年第1期.

[84] 郑海燕.欧盟的教育与培训政策.国外社会科学,2005年第1期.

[85] 周少青.多元文化主义视阈下的少数民族权利问题.民族研究,2012年第1期.

[86] 周晓梅.欧盟语言政策评析.云南财经大学学报(社会科学版),2012年第5期.

[87] 周晓梅,王晋梅.欧盟语言多元化政策回顾.保山学院学报,2013年第3期.

(四)外文著作

[1] Banks, J. A. *Cultural Diversity and Education: Foundations, Curriculum and Teaching*. Boston: Allyn and Bacon, 2001.

[2] Banks, J. A. Introduction In J. A. Banks & C. A. McGee Banks (Eds.), *Handbook of Research on Multicultural Education* (2nd ed.). San Francisco: Jossey-Bass, 2004.

[3] Banks, J. A. & McGee Banks, C. A. (Eds.) *Multicultural Education: Issues and Perspectives* (10th ed.). Indianapolis: John Wiley & Sons, 2019.

[4] Banks, J. A. et al. *Diversity Within Unity: Essential Principles for Teaching and Learning in a Multicultural Society. Seattle*, WA: University of Washington, Center for Multicultural Education, 2001.

[5] Bekemans, Leonce. *A Value-Driven European Future*. Brussels: International Academic Publishers Peter Lang, 2012.

[6] Catarci, M., & Fiorucci, M. *Intercultural Education in the European Context: Theories, Experiences, Challenges* (1st ed.). London: Routledge, 2015.

[7] Grant, Carl A. *Global Constructions of Multicultural Education: Theories and Realities*. London: Routledge, 2001.

[8] Jenkins, Roy. *Essays and Speeches*. London: Collins, 1967.

[9] Kymlicka, Will. *Multiculturalism: Success, Failure, and the Future*. Washington, DC: Migration Policy Institute, 2012.

[10] Leclerq, J. M. *The Lessons of Thirty Years of European Co-operation for Intercultural Education*. Strasbourg: Council of Europe, 2002.

[11] Modood, Tariq. *Multiculturalism: A Civic Idea* (2nd ed.). Cambridge: Polity Press, 2007.

[12] Nieto, S. *Affirming Diversity: the Socio-political Context of Multicultural Education*, NY: Longman Pub Group, 1996.

[13] Ogbu, John U. *Minority Education and Caste: The American System in Cross-Cultural Perspective*. New York: Academic Press, 1978.

[14] Parekh B. *Rethinking Multiculturalism: Cultural Diversity and Political Theory*. Basingstoke: Macmillan, 2000.

［15］ Triandafyllidou, A. *Addressing Cultural, Ethnic & Religious Diversity Challenges in Europe : A Comparative Overview of* 15 *European Countries, Accept—Pluralism.* Florence: European University Institute, 2011.

［16］ Tchibozo G. *Cultural and Social Diversity and the Transition From Education to Work.* Berlin: Springer Netherlands, 2013.

［17］ West, John. *The Evolution of European Union Policies on Vocational Education and Training.* London: Center for Learning and Life Chances in Knowledge Economies and Societies, Institute of Education, University of London, 2012.

（五）外文期刊类

［1］ Banting K. & Kymlicka W. Is There Really a Backlash Against Multiculturalism Policies? New Evidence From the Multiculturalism Policy Index. *Comparative European Politics*, 2013, 11(5).

［2］ Bretton, H. Political Science, Language, and Politics in W. O'Barr. (Ed.) *Language and Politics.* Berlin, Boston: De Gruyter Mouton, 1976.

［3］ Dendrinos, B. Multilingualism Language Policy in the EU Today: A paradigm Shift in Language Education. *Training, Language and Culture*, 2018, 2(3).

［4］ Duignan, P. Dangers of Multiculturalism: The American Experience, in Fitzgibbons, Robert E. and Raymond J. ZuWallack. (Eds.) *Encounters in Education.* Fort Worth: Harcourt Brace College Publishers, 1998.

［5］ Faas D. From Foreigner Pedagogy to Intercultural Education: An Analysis of the German Responses to Diversity and its Impact on Schools and Students. *European Educational Research Journal*, 2008, 7(1).

[6] Faas D, Hajisoteriou C, Angelides P. Intercultural Education in Europe: Policies, Practices and Trends. *British Educational Research Journal*, 2013, 40(2).

[7] Ford D Y. Why Education Must be Multicultural. *Gifted Child Today*, 2013, 37(1).

[8] García, O. From Language Garden to Sustainable Languaging: Bilingual Education in a Global World. *Perspectives*, 2011.

[9] Grillo, Ralph. An Excess of Alterity? Debating Difference in a Multicultural Society, in Steven Vertovec. (Ed.) *Anthropology of Migration and Multiculturalism: New Directions*, New York: Routledge, 2010.

[10] Kirova, A., Thorlakson L. Introduction: Policy, Inclusion, and Education Rights of Roma Children: Challenges and Successes in the EU and North America. *Alberta Journal of Educational Research*, 2016.

[11] Kostakopoulou, Dora. The Anatomy of Civic Integration. *Modern Law Review*, 2010, 73(6).

[12] Leney, Tom &Green, Andy. Achieving the Lisbon Goal: the Contribution of Vocational Education and Training. *European Journal of Education*, 2005, 40(3).

[13] Martin D. C. The Choice of Identity, *Social Identity*, 1995, Vol. 1, No. 1, pp. 6-8.

[14] Mathieu, Felix. The Failure of State Multiculturalism in the UK? An Analysis of the UK's Multicultural Policy for 2000-2015, *Ethnicities*, 2018, Vol. 18(1).

[15] Mohiuddin, Asif. Muslims in Europe: Citizenship, Multiculturalism and Integration. *Journal of Muslim Minority Affairs*, 2017, 37(4).

[16] Preece, J. J. National Minority Rights vs. State Sovereignty in Europe: Changing Norms in International Relations? *Nations & Nationalism*, 2010, 3(3).

[17] Shore, Cris. Inventing the "People's Europe": Critical Approaches to European Community Cultural Policy, *Man*, New Series, 1993, Vol. 28. No. 4.

[18] Terry, Laurel S. The Bologna Process and its Impact in Europe: It's So Much More Than Degree Changes. *Vanderbilt Journal of Transnational Law*, 2008(41).

[19] William, Colin H. Language Policy Issues within the European Union: Applied Geographic Perspectives. *Dela*, 2002.

(六)欧盟官方出版物、报告、会议文件

[1] Commission of the European Communities. The Concrete Future Objectives of Education Systems, COM (2001) 59 final. Brussels: Commission of the European Communities, 31/1/ 2001.

[2] Commission of the European Communities. Communication from the Commission to the Council, the European Parliament, the European Economic and Social Committee and the Committee of the Regions on Immigration, Integration and Employment, COM (2003) 336 final. Brussels, 3/6/ 2003.

[3] Council of the European Union. General Guidelines for Drawing up a Community Action Programme on Vocational Training. *Official Journal of the European Union*, No. C 81/5, 1971.

[4] Council of the European Union. Resolution of the Council and the Ministers of Education: Meeting within the Council on the European Dimension in Education of 24 May 1988, *Official Journal of the European Communities*, C 177/5, 1988.

[5] Council of the European Union. Council Conclusions of 25 May 2007 on a Coherent Framework of Indicators and Benchmarks for Monitoring Progress towards the Lisbon Objectives in Education and Training. *Official Journal of the European Union*, C 311/10, 2007.

[6] Council of the European Union. Council Directive 2000/43/EC of 29 June 2000 Implementing the Principle of Equal Treatment between Persons Irrespective of Racial or Rthnic Origin, *Official Journal of the European Union*, L180, 2000.

[7] Council of the European Union. Council Directive 2003/109/EC of 25 November 2003 Concerning the Status of Third-country Nationals Who Are Long-term Residents, *Official Journal of the European Union*, L 16/44, 2003.

[8] Council of the European Union. Resolution of the Council and of the Representatives of the Governments of the Member States: Meeting within the Council of 14 December 2000 on the Social Inclusion of Young People. *Official Journal of the European Union*, C 374/04, 2004.

[9] Council of Europe. White Paper on Intercultural Dialogue "Living Together As Equals in Dignity", Launched by the Council of Europe Ministers of Foreign Affairs at their 118th Ministerial Session, 2008.

[10] Council of the European Union. Council Conclusions of 12 May 2009 on a Strategic Framework for European Cooperation in Education and Training ("ET 2020"), *Official Journal of the European Union*, 2009.

[11] Council of the European Union, European Commission: 2015 Joint Report of the Council and the Commission on the Implementation of the strategic Framework for European Cooperation in Education and Training, New Priorities for European Cooperation in Education and Training. *Official Journal of the European Union*, C417/25, 2015.

[12] Council of the European Unions, Recommendation on Promoting Common Values, Inclusive Education and the European Dimension of Teaching, *Official Journal of the European Union*, C195/1, 2018.

［13］ European Commission. Green Paper on the European Dimension of Education. Luxembourg: Office for Official Publications of the European Communities,1993.

［14］ European Commission. The white paper on Teaching and Learning: Towards the Learning Society. Luxembourg: Office for Official Publications of the European Communities, 1995.

［15］ European Commission. Detailed Work Programme on the Follow-up of the Objectives of Education and Training Systems in Europe. *Official Journal of the European Union*, C 142/01, 2002.

［16］ European Commission. The History of European Cooperation in Education and Training, Luxembourg: Office for Official Publication of the European Communities, 2006.

［17］ European Commission,Green Paper-Migration & Mobility: Challenges and Opportunities for EU Education Systems, COM(2008) 423 final, Brussels, 3/7/2008.

［18］ European Commission. Europe 2020: A Strategy for Smart, Sustainable and Inclusive Growth, COM (2010) 2020. Brussels, 3/3/ 2010.

［19］ European Commission. Rethinking Education: Investing Skills for Better Socio-Economic Outcomes, COM (2012) 669 final. Strasbourg, 20/11/2012.

［20］ European Commission. Strengthening European Identity through Education and Culture, COM (2017) 673 final. Strasbourg, 14/11/2017.

［21］ European Commission. White Paper on the Future of Europe: Reflection and Scenarios for the EU27 by 2025. Brussels: European Commission, 2017.

[22] European Communities, Key Competence for Lifelong Learning, Luxembourg, Office for Official Publication of the European Communities, 2007.

[23] European Parliament, Council of the European Union. Recommendation of the European Parliament and of the Council of 18 December 2006 on key competences for lifelong learning, *Official Journal of the European Union*, L394/10, 2006.

[24] European Union Education Council, The Concrete Future Objectives of Education and Training Systems: Report from the Education Council to the European Council, Brussels: European Commission, 2001.

[25] The Council of the European Economic Community. Council Decision of 2 April 1963 Laying down General Principles for Implementing a Common Vocational Training Policy, *Official Journal of the European Communities*, 63/266/EEC, 20/04/1963.

(七)其他

[1] UNESCO. The Contribution of Education to Cultural Development, International Conference on Education. 43rd Session, International Conference Centre, Geneva 14-19 September, 1992.

[2] UNESCO. The Dakar Framework for Action, the World Education Forum, Dakar, 2000.

[3] UNESCO. The Universal Declaration on Cultural Diversity, 2002.

[4] UNESCO. Guidelines on Intercultural Education, 2006.

[5] UN General Assembly. Declaration on the Rights of Persons Belonging to National or Ethnic, Religious and Linguistic Minorities, 20 December 1993, A/RES/48/138.